Introducing PuzzleWhiz: Your Weekly Brain Boost!

Are you ready to supercharge your brain, sharpen your mind, and have a blast doing it? Welcome to **PuzzleWhiz**, your ultimate companion for weekly mental challenges that are as fun as they are brain-boosting! Designed to keep your mind sharp and entertained, PuzzleWhiz is the perfect way to unwind while giving your cognitive skills a serious workout.

Why Choose PuzzleWhiz?

- **Fresh Challenges Every Week:** Each issue of PuzzleWhiz Word Search is packed with a new set of thrilling puzzles, No two weeks are the same, keeping you on your toes with fresh challenges designed to engage and excite.

- **Scientifically Proven Brain Benefits:** Did you know that solving puzzles regularly can improve memory, enhance problem-solving skills, and even boost IQ? PuzzleWhiz offers a fun and engaging way to keep your brain active, with puzzles that are scientifically proven to benefit mental health.

- **Perfect for All Ages:** Whether you're 8 or 80, PuzzleWhiz is designed to challenge and delight every puzzle enthusiast. It's the perfect way to spend quality time with family or enjoy some well-deserved "me time."

- **Stay Ahead with Monthly and Yearly Subscriptions:** Don't miss a single issue! Subscribe monthly and get 4 exciting issues delivered straight to your door—or go all-in with our **Yearly Bundle** of 52 issues, including a special edition that you can't find anywhere else!

- **Exclusive Special Editions:** Our annual subscribers receive a **Special Edition** packed with bonus puzzles, expert tips, and exclusive content that takes your puzzle-solving skills to the next level. This edition alone is worth the price of admission!

Your Subscription Options:

1. **Weekly Thrills:** Grab your PuzzleWhiz every week and enjoy fresh, exciting puzzles that will keep your brain buzzing.

2. **Monthly Bundle of 4:** Save more and stay ahead of the game! Get a bundle of 4 issues delivered each month, ensuring you never miss a week of mental fun.

3. **Yearly Subscription with Special Edition:** The ultimate package for puzzle enthusiasts! Get 52 weeks of PuzzleWhiz plus a collectible special edition that celebrates the very best of brain challenges with exclusive puzzles, brain-boosting tips, and more.

Don't Just Play—Train Your Brain with PuzzleWhiz!

With PuzzleWhiz, every week is a new opportunity to challenge your mind, improve your cognitive skills, and have a blast doing it. Our puzzles aren't just games—they're brain workouts designed to keep you sharp, focused, and ready for anything life throws your way.

Why PuzzleWhiz and What does it offer?

PuzzleWhiz isn't just another puzzle book—it's your gateway to a world of endless mental challenges, creativity, and fun. Whether you're a seasoned puzzle solver or just looking for a way to keep your mind sharp, PuzzleWhiz is crafted to be the perfect companion for everyone.

Here's why PuzzleWhiz is the best choice: Puzzles are more than just a pastime; they are powerful tools that challenge and stimulate the human mind. From word games to number challenges, puzzles engage cognitive functions, enhance problem-solving skills, and boost mental agility. Research shows that engaging in puzzles can improve brain function, memory, and even delay cognitive decline, making them invaluable for people of all ages. Below, we explore a variety of puzzles and their specific benefits to the human mind and life.

Word Search

A word search is a puzzle that requires players to find hidden words in a grid of letters. Words can appear horizontally, vertically, or diagonally.

Word searches are simple, yet addictive. There's nothing quite like the thrill of spotting a tricky word hidden in plain sight! From quick 5-minute puzzles to deeper, more challenging hunts, this book will take you on a journey through themed words you'll love. Grab your favorite pen or pencil—let's get started!

Importance: Word searches improve pattern recognition, vocabulary, and spelling skills. They also enhance visual scanning and focus, which are critical skills in everyday tasks. Studies have shown that word search puzzles activate the brain's language and memory areas, contributing to cognitive resilience (Smith, 2020).

Tips to Tackle Word Search Puzzles Like a Pro

Here are some tried-and-true tips to help you master these puzzles:

1. **Give the Grid a Quick Look:** Skim the puzzle first to see if any words jump out right away. It's a good way to get the momentum going.

2. **Start with Unique Letters:** Words with unusual letters—like X, Z, or Q—are easier to spot. Zero in on those first.

3. **Think in All Directions:** Words can run vertically, horizontally, diagonally, or even backward. Stay flexible!

4. **Mark as You Go:** Cross out words once you find them—it keeps things neat and avoids confusion.

5. **Use the Word List for Hints:** If you're stuck, go back to the word list to break it down. Look for starting letters or clusters.

6. **Take Breaks if Needed:** Don't get frustrated, sometimes stepping away and coming back with fresh eyes makes all the difference.

7. **Watch for Overlaps:** Keep an eye out, some puzzles are sneaky with words sharing letters!

Why Word Search Puzzles Are Amazing for You

Solving word searches isn't just fun, it's actually great for your brain and well-being!

- **Builds a Better Vocabulary:** You'll learn new words and strengthen your spelling without even realizing it.

- **Improves Focus and Attention:** Word searches train your brain to focus, ignore distractions, and stay on task.

- **Strengthens Pattern Recognition:** Spotting patterns in puzzles carries over to real-life problem-solving skills.

- **Relieves Stress:** There's something incredibly relaxing about getting lost in a good puzzle—it's like meditation!

- **Keeps Your Brain Sharp:** Word searches keep your mind active and may help prevent memory loss over time.

- **Encourages Quick Thinking:** The more puzzles you do, the faster your brain gets at finding solutions.

- **Brings People Together:** Whether you're competing or collaborating, solving puzzles with others makes for great bonding moments.

This book isn't just about finding words—it's about finding joy, challenge, and a sense of accomplishment. Each puzzle offers a mini-adventure, and with every word you find, you're training your brain to think sharper and faster. So what are you waiting for? Dive in, enjoy the hunt, and watch those words come alive!

Happy puzzling!

Subscribe today and become part of the PuzzleWhiz community! Weekly excitement, monthly bundles, and yearly specials await. Don't miss out—your brain will thank you!

References

- Smith, A. (2020). The Impact of Word Search Puzzles on Cognitive Function. *Memory and Language Journal*

SUBSCRIBE

PUZZLEWHIZ

Name:

____

Address:

____
____

Postcode: __________   Phone: _________________

Email: _________________

Subscription

Weekly ☐   Monthly ☐   Yearly ☐

Please fill the form and send it by email to:
PuzzleWhizPub@gmail.com

Payment Information will be sent to your email and phone.

Puzzle # 1

```
F U U T V L Q R F N W H U B B L E S L A W F I
H F J H P R E I S S E M S R A S L U P H L M U
L M W R G V R K H N J K E W C C X R Q B X L J
C Y O R B J K X N B Q T T P A I R A M Y K J H
C O D P Y G X A N V T R E R O L P X E R L F D
M Q A Z F O L A L A I A P O Z F F L H O N U M
S Q H H S E T Q M O B D L M Y E U L Y T C H L
W Q S E U H L I W N C I A K F O S Y G A A A T
D J R F D R T T I C O U N U E E I D O V M W J
V B A X T N P W W Z F S E C E D O O L R G K Z
C C N Y A J T I L S T S T W G L N S O E I I H
K I U I O R R M R X P V S E O Q C P N S R N Z
V M L R E G A Y O V R A U W P R R R H B E G E
L S W T K I N F I N I T E T A R Z P C O F L I
M I O S C I T A M E N I K T Q R K L E B P B M
C E R A L U C E L O M F E R V B U X T F L X L
P S K T E K F X C Y G R C O S M I C R A Y S P
F Z F H F I E G O T S H P E B Y U Y J Z T U E
```

PLANETS	SEISMIC	VOYAGER
LUNARSHADOW	ANTIMATTER	OBSERVATORY
INFINITE	HAWKING	EXPLORE
FUSION	APOGEE	PULSARS
MOLECULAR	TECHNOLOGY	FUEL
MESSIER	CRATERS	TWIN
MARIA	COSMICRAYS	WORK
KINEMATICS	RADIUS	HUBBLE'SLAW

Puzzle # 2

```
S E R A L F R A L O S H Z S G S T M G V E W O
Z Q V X X F M O V L T Y X E N D E Z O I C O L
E L Z C O M P U T E R S Y M I I V B S S F L O
M R V X S B A T R U H E S H R O J O N I A G M
V G U D V M T E K U T O G R A R I B W B N N O
G S Z T I P R V W W K M F G F O D X S I D O O
C Y P E P L L O Z U A O K V E E I H L L C O N
O N I L M A Z L T F I T F B C T O J F I Y M B
N O E Z J S C I N S Y M M C A E X P Y T C G A
S D S R E M O N O R T S A O P M I W C Y B Y S
T I V E A E T O L X N S L T S A D P N B F Z E
A C M R E M N A N T S E U H A P E K W B H J Z
N O I T A G I V A N I A S D M K H E T H E R S
T O D G G G F M A G N E T I C F I E L D E U L
L K Y U V U X W H O T E S S E R A N R S D T P
Y C R C T E C N A C I F I N G I S W R I F S V
T S E S O L C Y T I R A L U G N I S Y N C U E
X J H R A T S O T O R P V A U S V P L B G N L
```

ETHER	CLOSEST	DIOXIDE
SYNODIC	METEOROIDS	MOONGLOW
MOONBASE	COMPUTER	SPACEFARING
TESSERA	ATMOSPHERIC	CAPTURE
SIGNIFICANCE	NAVIGATION	PROTOSTAR
LEIGH	SINGULARITY	DUSTSTORMS
MAGNETICFIELD	REMNANTS	VISIBILITY
CONSTANTLY	ASTRONOMERS	SOLARFLARES

Puzzle # 3

```
C M F A I T R E N I T H Y Y A O D M I M D P E
T O A H A P A N H R S E N I B U M F B N E J V
G C G Q E F V F W U D J B E S H D C A L I T I
G X M L P D A R K E O B Z O U X E O J C Z Z T
Y G M E B Y T E C O D E N T R T M Y V C N E C
J D S D S H Z A Y S L T A H M P R A G L E U E
J N B C D O G Y B I L L B K E T E O R A R Q V
P E B P S R T B O H E W B G T H B C N T F Y N
Y M T E C P V R S S M L Z L E G T W A S I S O
V F I F I D L R O W E D I W O V R I H P T A C
C K W G O A I D J N D P E X R N Q A L A S A N
S O N G O I N G V B S I Z O O F V F N O S G R
O R D F X V L V G L P Y J V I X Q J S U G M F
N R A E L C U N O M R E H T D S N A R T L E P
Y I L B R N G T P M W E Z L S R Z E G U I E R
R C B B M F K T E L E S C O P E S J E N J S S
L A Y E R S M A G N E T I S M A E R Q I K R E
G H P M V U N E X P L O R E D D C E W Y M Z J
```

TELESCOPES	THERMONUCLEAR	REGOLITH
SKIES	MAGNETISM	BYTECODE
JETFOIL	MESOTRONS	CONVECTIVE
MARTIAN	ONGOING	TRANS
DARK	SPACEPROBE	WIDEWORLD
INERTIA	GRANULES	LAYERS
METEOROIDS	SKY	TALES
UNEXPLORED	NEUTRONSTAR	FRENZIED

Puzzle # 4

```
N F K E Y V H K O L S G N I R D W P P C C V Z
H U I I A A M T E G X Z H J X K U Z D I P Z T
V R E P P I D G I B A G P U E T S X S A Z G E
O R E C A P S A T N A U Q Q B N D F E Y L N T
O J S P E C T R O M E T R Y L H I B T F M R U
S R A T E N G A M R A L U G E R R I I U D E Z
T F Z O Z H B L F I O Z H R N X G T N C U P Y
E F T T L Y R O Z G Q S G V E I S Y I G D R E
N P E R A W T F O S A A C N E D Z S F I Z E L
A C Z Q M L A M R E H Z T I I A P R N A O S L
L L P L I M I T L E S S T R L L F L I C N E O
P J S E Y W S X U T C A P M I L K N A T N W
Y J Z B C S N F E D D L Y T N C A N Y N Z T D
K M T S K Y O R T Z M G T S H C Q T I Z E A W
C G M L E I G U H S T S R U B B M J I W B T A
O N N B Z Y B K Y E C A W R G E K P S O T I R
R A K N V I E G D U O E W H N O R A H C N O F
C O S M I C V O I D Z Z M T F V Q Y Z J I N S
```

RINGS	IRREGULAR	TWINKLING
EYES	BIGDIPPER	INFINITE
UNZIP	CHARON	REDPLANET
MAGNETARS	YELLOWDWARFS	SPECTROMETRY
SOFTWARE	COSMICVOID	ROCKYPLANET
OSCILLATION	IMPACT	BURSTS
REPRESENTATION	GRIDS	SOUYUZ
THRUST	QUANTASPACE	LIMITLESS

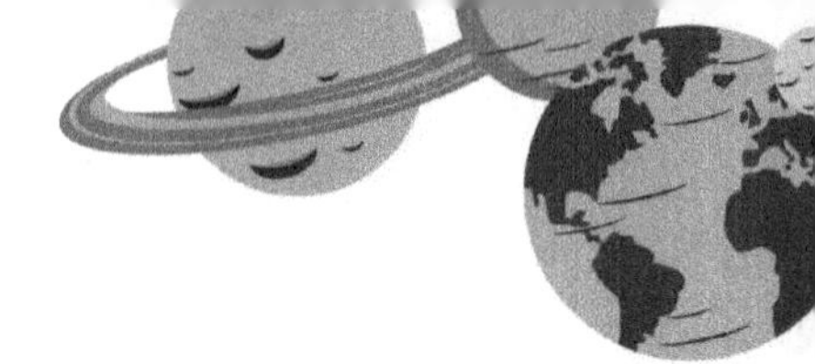

```
L E R Z K V O H I D D E N F B T S C B R S K Y
W P G W O R A V K Z X C C Y Z G J Y G E U B D
O I K C Z U P R E D I C T I O N S A B T U B L
U E M O D E P O C S E L E T X Q P P T S J L I
I N D L I H C S Z R A W H C S B F U X I I U X
P R Z S S V M H A S B Y M L R G U I E L L E I
E I E J P Q Q O M E T S Y S N O O M X B M H O
S B C T I E N N U C E B R E I T N O R F J U S
E K E Y E Z C M X X O R H X R B S S B J O E C
E K L L D M P T S U P E R N O V A E F I I C I
G C A A T O O V R N O I S S E R G E R R M Q T
T K A U W S Y T R O O C T Z F L W H A K V Z P
I Q G P Q E K V E J S R E M O T E D H E Z Q O
N Y S H S S C R L N Q C L H U G N O N U J J R
G C Z Z T O R A V X G S O W E U K J T Q H L E
A T C E J E N A P Q G G A M P O F Y A B D A S B
R A S E L E T A M S N Z M B Y F V D A S Z K I
D L J P L W Q L N H H U I O I N B E F U A I F
```

BELTS	MOONSYSTEM	HIDDEN
SPECTROSCOPY	SPACEWALKS	REMOTE
MARSQUAKE	REGRESSION	JUNO
EJECTA	SKY	SUPERNOVAE
MAGNETOMETER	TELESCOPEDOME	TELESAR
SCHWARZSCHILD	BLUEHUE	PREDICTIONS
FRONTIER	BOUNDARIES	FIBEROPTIC
JPL	NANOSPACE	BLISTER

Puzzle # 6

```
B K F B V Y B H X M S A A J R U G D A U P A Y
C R S G S P R E M N C A S S I O P E I A V Z B
R C S L Q O E C O P S Y M B O L S X O E J V S
E T H E E Q S I V A F H A D A Y L I K C T N Z
S J G G W T T V B M E G E E T Z Y S R B O G B
C B K X A A O V O L N I R I W N I K K I B L Q
E V U B U R J H I I Z A V O V D F S T I Q S J
N I I L T J M O M N P A M U N Y U O C K M N W
T A A M Z V P A E F R K F O G S M Y H I M K W
I V M C H H L R I G M G I N T A X L Z C W W Z
E Y H E Y F F W A Y S T T M L O C A L O K H D
B Q U S D F U T U R E A B O U N D C E N D B X
P S I V B A H I S R C O S M I C D U S T Y X U
L C I S T O L P C J P L A T F O R M S E A Z L
S M M D P P X C T S A P T N A T S I D X B I E
R E L P E K A X M E S O S P H E R E Y T Y T I
X Y G H D F W T P A V O P V V S Y U C T Q P T
A C X A R C L T Z E R A W T F O S I X A E M N
```

GRAVITY	MESOSPHERE	CRESCENT
LOCAL	DISTANTPAST	SOFTWARE
FUTUREABOUND	AREA	COSMICDUST
MOTIONS	EVALUATIONS	NAMED
PLOTS	PLATFORM	HOTELS
FLAMING	HELIOPHYSICS	AXIS
CONTEXT	SYMBOLS	CASSIOPEIA
KEPLER	ACCRETIONDISK	FRENZIED

Puzzle # 7

```
Y T I N I F N I J D Y L W S O L A R C E L L S
U P T E V A W D T A T A S T R O D O M E H F N
N M Z E L R V A R H I F F E D E E F E E Q D O
G V K E S C C I L O C N X C E I T D X T Q G I
C Q I V D H E P M P O D E N V U G T B E L T T
E G X G N E K R O W L R P E R K C S I W Y Q A
H S E T A T X E C X E L G G E N O W S M U O C
O E Z N L Y B P N N V J A R S B G R R R E R I
G T H E H P B G E I R G G E B S A T U A T I R
M U L M G E X V B R H A I M O L L Q H A R P B
Y B F E I S I C F J B S B E U F U N A M E D A
G I J G H R X V V G F A H C V D B Z O V Q P F
E R L N D Z J Q J B Y H O T K Q E T A E M J O
T T Y A O C C O C F L N U I R U N E B C U H I
P T T R Y T K R L V I E L P K A I M A G E S B
F A M R F W I T F B P H N M P J E T X V B G T
D F H A W L L M E T A L L I C I T Y G S Z B N
S X A S T R O G E O L O G I S T R Y S A Z P L
```

EARTHSHINE	OBSERVED	ARCHETYPES
WORK	ATTRIBUTES	SOLARCELLS
ASTRODOME	EMERGENCE	HIGHLANDS
VELOCITY	NAMED	ARRANGEMENT
NEBULAGO	BIOFABRICATIONS	DATADRIVEN
EMITTERS	BELT	METALLICITY
BINOCULARS	IMAGES	ASTROGEOLOGIST
EVA	LEIGH	INFINITY

Puzzle # 8

```
M C R A T E R P L V N R M R O S S E C O R P S
N U C I K R U P R U X E E M E R T X E R K C P
J O A U P P T E D A B G P P V R C L R L S Y E
F P I U I J U N J R W R I X I I I O H O I Y E
X H Z S Z N P I R Y V E V W R R R W L G O X D
E A C G I Q T G Y W J S C F D J T T A I N I O
Z R L J L L R M H L W S D A R P E E W S O D F
C B I B Z K L A T Y Q I R I P L M M M T S B L
H I M O J L O O S W P O N G R S I P P I P J I
E N A O G V I G C P K N N R X W V E Z C H L G
F G T T E L E S C O P E S T I A A R O S E X H
K E E S R E H T A E W E C A P S R A K T R B T
L R P M Z T H Q R E T U P M O C G T V J E K A
P S S U J J W R A D I A N C E A C U Y N O T S
E X P U R S E L P M A S T W M E O R O G R V E
F D A C S Z T V E J T H V C R X V E N M Z W V
K M M A A J Z T Q W O W A I R E Z T I P S S C
L L Q V G S A V N E M H D X B O W B Z C P J V
```

TELESCOPES	RADIANCE	LOWTEMPERATURE
COLLISION	DIRECT	PROCESSOR
SPEEDOFLIGHT	LOGISTICS	VACUUMS
CLIMATE	CRATER	HARBINGERS
MAPS	SPACEWEATHER	COMPUTER
REGRESSION	IONOSPHERE	SAMPLES
STONY	EXTREME	ENIGMA
SPACEWARP	GRAVIMETRIC	SPITZER

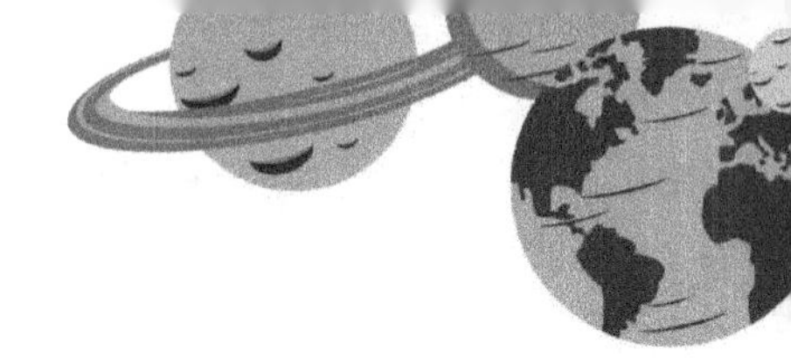

Puzzle # 9

```
D E P R E S S U R I Z E D L R E F T S G C Z Q
N S O T Q L F H U Y A H T F Z T R M Y E L T U
P U K A S T E R O I D B E L T J G U G A A T L
S N O I T A U L A V E M K Z M U N T P O N O Z
O I H X L S W R I R I N C F A S I L H T D T B
I E A S E N I F M Q R U O U N U G E H T I R A
F P D C O Q H I Y Y L T R A Y T A U B Z E N G
S R R R K L A C I T P I L L E K M O R G G D G
V O I G G A S G I A N T T B X O I A N B T O R
F B G E D U T A F Y R T E M E L E T C G O S F
S E V Q U P F O L X J C T Y A Y V A O W N A X
G S Y Z G J I E X P L O R A T I O N T O O A C
S P I N O R H Y Y M O T O H C I D K I E N M A
R X C L D H S H H O L O G R A P H T A B U E K
L E V E R Y D A Y Y H I E I T L O I B J J H G
T P G B P L E M M E L Q T H C M S P K P T X E
U P U L L W R U E Y W L R J R J W X G S O O R
G V F A B P E A S U O N I M U L T H L D L E U
```

FORCES	IRON	MOTIONS
IMAGING	EVERYDAY	REDSHIFT
HOLOGRAPH	SPINOR	PROBES
GASGIANT	EVALUATIONS	ELLIPTICAL
LAND	LIGHTYEAR	ROCKET
DICHOTOMY	EXPLORATION	JUNO
MANY	ASTEROIDBELT	LUMINOUS
TELEMETRY	DEPRESSURIZED	ERUPTING

Puzzle # 10

```
V M O P S T R I O I F C X L J S N J B I P D I
Z U F R L L U F Z X C D F G F F B C R P Z X G
D T X A B P D T D Q S P A C E W I S E H F L N
K N S G C I N D I V U P T D X L I Q F O B W C
Q A E F E R T R L S B R K J T A E R G T C A H
B U T B O O T S T R A P O B E R O N K O O J R
C Q A I E Z N S K N G S M A L L E S T M L S O
W C C T X K H M S N N C L X G M S O G E L C M
M L I B U C S M I F S D I N K K N S V T I U O
T M R S N O I T P U R S I D U G Y C M R S N S
E U T W I T I U J Z E T Y Z L E O N T Y I I P
S V N V V B T X S I S A R K V N Q E O Z O V H
W Y I R I J Z D G E F J M R S Q M A C H N E E
L D N H G S S U R S P R U T Z O Z X O C S R R
Y M X N J G T E U M A S A M I P Z I I H M S E
L E J F Q Q T H F N K N R X X U H A H G S E J
G E O C E N T R I C T K A B H T W L C J J S M
Y C A R I S K N O I S N E H E R P M O C M F D
```

ORBIT	CHROMOSPHERE	GREAT
INTERESTING	SURVEYS	QUANTUM
SPACEWISE	BOOTSTRAP	GEOCENTRIC
SMALLEST	BASALT	DISRUPTIONS
UNIVERSES	COMPREHENSION	EXHIBITING
TRANSMIT	AXIAL	AXIOMETRIC
OBERON	COLLISIONS	PHOTOMETRY
TDRSS	CONSTANT	INTRICATE

Puzzle # 11

```
E I U J O L L O P A S E Y U T Y T C S I Y N S
C C E T U F P H Z R C T P G V H D R I C M T E
A O Y N H C E Y A C X A M G O U U K A A K T T
P N Z T J F L T E D T C N L N B Z B U N L I A
S F Q M I T E N V R N K S G N I D N I F S U N
E R A V X N T F C A A L B O O T S T R A P S I
N O Z V G R W U X D T S S E N T H G I R B P D
A N D A I O T H L E S I U K U E R Q W Y Y M R
I T M C R U X O L I I L Q F T G P T O I F U O
R A I B B B F E L S D E E E Q R X X E A Y J O
A T K W T E S Y L L A N O I T A V R E S B O C
Y I J Y L C P R O G R E S S Z L H K D G N I R
J O G P O E N I L L A R T C E P S I O N T D O
U N I P E Y S D O I R E P C T J G S U P F Y R
T R E T B X A D K R V W V K P I J C I Y Q V O
T B O N D I N G U I Y Q A B T C L L S G Y F B
D N K H E L Z Z O N F N J A J E C N O Z O T G
S K P P D D N E K P S D L T I E Z V H X M M U
```

BRIGHTNESS	APOLLO	PROGRESS
MAGNETARS	COORDINATES	ARIANESPACE
JUMPSUIT	BOOTSTRAP	DISTANT
FINDINGS	CONFRONTATION	TELESCOPE
OBSERVATIONALLY	ECLIPTIC	TRIPLEFOLD
SPECTRALLINE	PERIODS	LARGE
TRANS	NUCLEI	BONDING
NOZZLE	DIGITAL	ECCENTRICITY

Puzzle # 12

```
E N I G M A W H I T E D W A R F S T H Z I D L
H L A R U T A N M B G J J W L T I R D Q U B N
Z D V O C U J N G Q N C Y O N L K G M S W B D
R E L A Y S T A T I O N G E G I G Z R D D G R
K G U E E U B R X Y V A P W H X G X H W E B F
E V I T A R R A N E T I L L E T A S O N A N M
W P H O T O M E T R I C Z P F V U S K C K V R
S T G P O N O T A B L E G Y T I X E L P M O C
M B L R B B Y P G D Y H P A R G O L O H H O L
J A B O S I H S A T V H C Q F U W A X I N G A
X C F M E S E P L P F W F N S F A Q F M R B N
K K S I R D L A A G J O K F E R A W T F O S O
D G N N V E E C X Y O V H F M X V A Q X G F I
T R P E A T C P I J I L C G C U W K P Y L J T
U O J N T A T L E D O P P L E R S H I F T R C
U U G C O I R Z S X X V E I R Q K M M V N T A
Y N B E R L O S O L A R G A M M A R A Y S W R
S D K W Y S N W T Y S T E L L A R W I N D S F
```

SOLAR	GALAXIES	STELLARWINDS
NOTABLE	OBSERVATORY	NANOSATELLITE
COMPLEXITY	HOLOGRAPHY	WAXING
ELECTRON	BACKGROUND	ENIGMA
SOFTWARE	RELAYSTATION	LOGATRAPHS
DOPPLERSHIFT	NATURAL	NARRATIVE
PHOTOMETRIC	DETAILS	WHITEDWARFS
PROMINENCE	GAMMARAYS	FRACTIONAL

Puzzle # 13

```
R X P N L L G G M S O L N Q S L N G U O L K K
E X U L R K T N S G T M G N I P P I S Y J F Y
T A G R W F K D A D X R U J A D G Q I L Q E H
S K J O Z U B T B L M T I U T H M D K T S L K
U H P M I M A S P O X J B P N G J Z K E L E O
L D H C E G Q Q Y F V K A L E I P D T D X M J
C H O S T N E I S N A R T Q W S T A W S N E F
R B T V T Y E N R U O J X J C E B N A J P N F
A X O K R A D I A T I O N O N E R W O E P T I
L K G W T A L L E S T A U F D D X C J C N S O
U V R Q W D S K W X T P T F A B Z X G N V G T
B Z A A S E D I F V G P R O T O S T A R R F S
O V P Z T R F F F C Q A V A J H N L C O T R C
L P H I V T C J U A W Z S Q C I J N O W A R S
G K S A M I C R O C H I P O L A H V X S O C Y
B J N D J F Z O H O R O S C O P E Y A Z A J R
F Y D H C S C I N O T C E T M S K U V L C S P
D T G I E R W M O N V B F I Z A Q P E B H A Q
```

QUASARS	SWIFT	GROOVES
ELEMENTS	SCALE	PROTOSTAR
SIPPING	RADIATION	TECTONICS
STRIPES	MIMAS	PHOTOGRAPHS
SITES	TALLEST	TRANSIENTS
GLOBULARCLUSTER	JOURNEY	DEBATES
GAS	UNFOLD	HOROSCOPE
MICROCHIP	HALO	CONTINUUM

Puzzle # 14

```
S R E O T K I O D I M E N S I O N A L M T A A
W V I U K J S C W U E W Y I N F L U E N C E S I
I C N U D J H W X A Z T D M V S I U U S Y R A
N S A M I M A K G C I C T L H N N N X B T O N
D A S L Y P P L X S S G L Y D O F X O U S D V
S K F C Q Z E A N Q V Z H A C I L J O O P Y T
T W J J E N S E S G N I R T S T E M B N S N T
O A O D E N D J T S V M N H B A C P W I D A S
R V V B R K U A B T P Y H X N D T P W X L M U
M E U J E N E E L O N I J A R N I N N L E I D
S L Q X L A M T S N B U I R F U O U I P I C C
A E I R P C W C G Y R N O Q M O N K I I F S I
J N W E P N G N R H O X I J E F P M N F R H M
N G C I O D U S T S T O R M L E L L A R A P S
F T D R D S V P B C L M G K W Y U E M L T R O
E H K R V N N O V I B R A T I O N S L E S O C
N S L A G Y D C E N S U S Y H Q S E M A O G G
P M T B T C U G G K Y N E R X H Y C J A P B O
```

COSMICDUST	DENSITY	HALLEY
INFLUENCE	PARALLEL	DOBSONIAN
STRINGS	BARRIER	WAVELENGTHS
SHAPES	DUSTSTORM	CENSUS
FOUNDATIONS	NASA	VIBRATIONS
EAGLENEBULA	WINDSTORMS	MIMAS
STONY	STARFIELDS	AERODYNAMICS
DIMENSIONAL	DOPPLER	INFLECTION

Puzzle # 15

```
F K J D L N E Q R R K Y G Y G C R Q C L S X I
C M S U G O N J I H N N W O D T N U O C P C A
Z E C R J C N O K E P O P Q P O A A G G K U Q
M P H E O W D G I A G B O C X Q J G U I B H Y
H L T P L S O G S T M W O M C S H E P H E R D
H A U C M E M N V E C O R U T D V L C D A S L
H N F U F I S V H M A E S C N N Z M V R C R B
F E V S T N A T U R E S L W L D E A K A E E V
L T F Q Y S M M I E S D O F L J E C L K G T O
H S Z I J N K M B A Z L M N E Q Y D S E A A S
I M O T I O N C E Z L A G U S R Q K W E P W F
R O G P U M U R A L A R G E S I Z E Q Q R L S
U O E M W D R Z R P U G L Y S Z A M T U O C V
N D E T C E T E D E T E T E F O V W R A R I U
D L O F E L P I R T C U V G R H I W T T X D L
K L A W N O O M O W A I R D W O V I Z I P L W
A S T E R O I D B E L T R E N U N V Y O G N K
D Z S M U N I P B E Z N D W B G W A E N Z E H
```

PLANETS	MONS	CAPTURE
ASTEROIDBELT	MOTION	NATURE
DRAKEEQUATION	MOONWALK	CELESTIAL
LARGESIZE	LARGE	EDGE
DETECTED	SHEPHERD	COUNTDOWN
TRIPLEFOLD	WATERS	LONGSEASONS
RHEA	REFLECTION	BEAUTY
CRESCENTMOON	FLOATING	BOUNDED

Puzzle # 16

```
Q T H G I R B T V H F I G U R E S G U I Q G I
Z T A U L U E T B B V N Z Q Z B I A P N R V T
Q T H E R M O N U C L E A R Z B T E G T U A J
E D L B G A X C S C G E G N I K S N H E R C H
C D X R O J T Q L U S D W F X S U G T R A U O
C O I A T U Y O R U R C K B I T B I U P B U X
E K S D G T N L T O S F I Z Q U M N I R Z M M
N N C I N H S D M T N T A T D A O E G E G S F
T I G A I G X O E I O S E C P N C V M T O T U
R S X L K I Q Z I D I V L R E O I Y R A D R R
I Y D V W L S O B A T V T R G R C O D T U U C
C M V E A F A W A L A Q R H Z T E Y L I J C N
I F G L H O G D E L G P I D N S J C F O Z T R
T A U O H D S D T O I R P W W A W Z L N M U Y
Y B V C R E U E G C V I O F O P L A Y J O R Q
P C S I V E X J P K A A D E S P I L C E M E R
L U S T N P R J G U N P R G S T A R C R A F T
O H W Y P S Y Y U C L I G H T W E I G H T K I
```

INTERPRETATION	STRUCTURE	BRIGHT
FIGURES	STARCRAFT	TRIPOD
CLUSTER	ECCENTRICITY	THERMONUCLEAR
PAIR	VACUUM	ECLIPSE
LIGHTWEIGHT	OPTICS	HAWKING
BOUNDED	SURFACE	TIDALLOCK
NAVIGATION	ASTRONAUTS	SPEEDOFLIGHT
ENGINE	RADIAL-VELOCITY	COMBUST

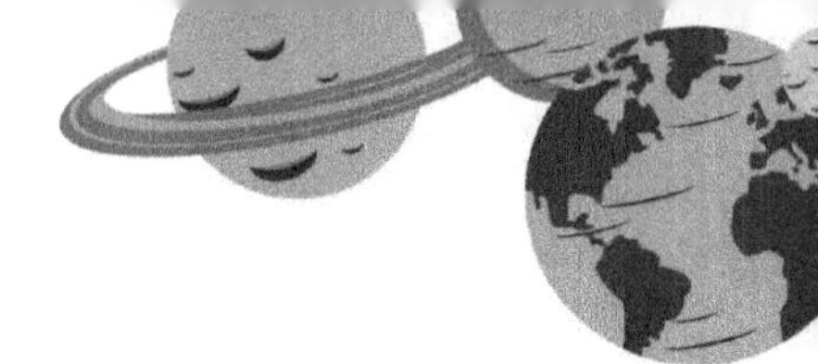

Puzzle # 17

```
H T T F F H T G Q O S P L J Z I J O R X G E F
H C Z I S M U W D G O F D K S B N H S Y K P Z
E C R D Y W H E V O L U T I O N S O R I J C F
S A T E L L I T E H A E E B B M Q O F X X O H
I E L C U N M T C L R I G I F P E Q I B J A R
S N R Q E B E O L L E W J O W H W I N D S O N
F R G O M B P A U D C A E S T Z S I F K T A H
K P E V S E I N F A L K R I R I W R S C I G Q
F H R T S N S N R R I Z U G A H F I E N N R B
F G J O S I E F E K P G P N H K Y L O T U Z R
R I Q Q G U N T W M S C T A Z R F S Q O N E B
F I I N C R L Z O A E I I T Y E B F Y X S E E
G I D L H A E C P T R M O U R O Z G H A N T C
B E I I J U D S I T W B N R D N E B R B Z R G
Z D A R R A Y S S E M S V E B M C T I N F B I
E Q I T R P G J Q R I N C L I N A T I O N Y D
C Q S E I X A L A G B C S D C G B Z F A T O S
R O C A W R E L A Y S T A T I O N P B A R K E
```

EVOLUTIONS	AXIS	SOLARECLIPSE
NUCLEI	ARRAYS	RELAYSTATION
EUCLID	EPOCH	WINDS
PROGRESS	GALAXIES	DARKMATTER
REFLECTOR	BIOSIGNATURE	SATELLITE
INCLINATION	POWERFUL	THEORY
CLUSTERS	CENTERS	TRASER
DOBSONIAN	TENSOR	ERUPTION

Puzzle # 18

```
K K Y E X P A N S E L N E O G A T I O N S I Q
A J N G Q F Z J J E L Y A M O R P H O L O G Y
I Z A N I N T E R E S T I N G Q E O F T Y X S
H Q M I C S R E V I R O A P K S R N T S R U I
Q P Z N K B R I L L I A N C E X U N S E E S V
K Q B T R S M U Q F M O S S A B T Z X L U Q P
P R V H L T E A R R J Q E H U E A H H L K F O
O V R G X Z X R S Y X O V I E P R G P A I P P
S C A I D O Z C P S L H A G Y T E C A M M W J
R M J L Z I D L X C O J W H L H P R R S N E G
X S I R B E D Q S C N X T L X I M X G D O X J
C T R I P O D U A O G O Z A L N E C E I N B S
L A L P X J U P L Q P C X N W N T B L K A I V
S R G F T Y T M C O E Z W D N I P X E Y Q N W
H K V T G U L A U O R Y M S G N M A T M B K T
S V I F R W I T Z X I W P A V G F O W S M P M
G R P E G Q L Q U M O F P O M V D W E B P K K
Y G R E N E H G I H D C M E D I U M N B U I P
```

EXPANSE	RIVERS	HIGHLANDS
INTERESTING	MEDIUM	WAVES
THINNING	LONG-PERIOD	SMALLEST
LIGHTNING	CAPTURE	DEBRIS
MORPHOLOGY	HIGH-ENERGY	NEOGATION
SUPERGIANT	WIND	TEMPERATURE
MANY	MASS	BRILLIANCE
TRIPOD	NEWTELEGRAPH	ZODIACS

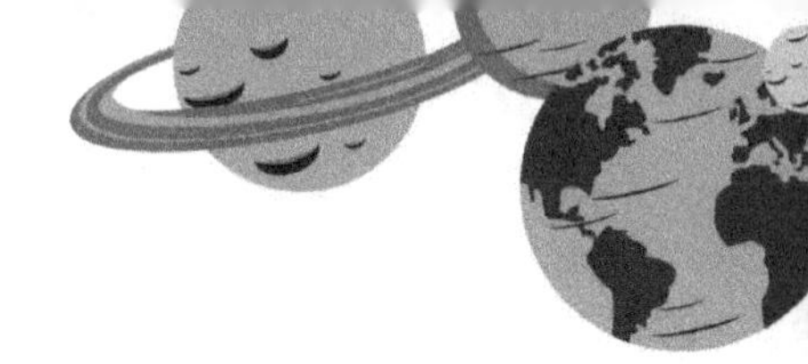

Puzzle # 19

```
L U T I T S X H O L E S E C R E T S Y A C E D
O A K N A R U S D O S U G N G G T I I C E R I
M C B T F E K F X H R F R W N A O Q P D M B K
T T N E X T Q M R O F T H G I L A U T R I V T
E S O R U N A A G I P C K L D L Y F Q C P V R
N U W I W E N D J D M T S C L S F Q S R C G A
O D P O Z C F L B E V H K W E H L X B E U P V
I R D R F Q X W M S P E W Q I K M U B S A C E
T A X S H B R M W S V O L G H N E U E C F Z R
A T F E E D I N G E O R L P S B O Z W E O X S
G S C H U Q R S J C V I Y G U H A Z Z N J F A
O O Y U R E Z C T O B E H P I L E U K T G F B
E O Z F U L W W E R C S C K G C O N T E X T L
N D O X A E X A O P M I L L I S E C O N D C E
K N I P B G N O I T A T N E S E R P E R I X Y
Z N T T I A B K E B N S L I N G Z P T Z U C P
I S T S O N O O V B J P T B K X Q D Q B F G Y
D N D R X T J A S C I R T E M X L E A U N B U
```

STARDUST	CRESCENT	CONTEXT
FEEDING	SLING	NEOGATION
METRICS	TRAVERSABLE	THEORIES
TIDE	CENTERS	VIRTUAL
PROCESSED	HOLESECRETS	DECAY
SHIELDING	INTERIORS	ICY
REPRESENTATION	SEA	ELEGANT
LIGHTFORM	MILLISECOND	GLAZE

Puzzle # 20

```
W J I K L S R R O B O T I C S E N F L A M E R
Y L R C H B I O F A B R I C A T I O N S R Q J
L C Y T P I E F Q A R F N X P F P Y O I D U T
I Q Y U P M O S Z U M S K D A R K M A T T E R
O M Z B C F F W P F O G N I R A F E C A P S I
W R F Y T B T S W S L O I N P S T H U T S Q X
A O W M J P L N C S E T I R D N O H C J Q E M
T J D M N O L O R M C H Y G O L O N H C E T L
W V K A V V H I G O U Y J N O I S L U P O R P
X Z H I H V K T M O L P D E P Y T Y I H U S V
K L P J Y S F A W N A O Z A H C V Y X I D A P
V B T P D E K U J S R T V J U N O R J U N E W
I O G D W T A Q K Y Y H G M I A N Y O I E Y Z
G Z M O V D G E O S E E P Q A C T L T D S P T
I O G A Z I N G K T U S D F C X C E N J P R P
L S E U Q I N H C E T I P P G L R J P S O X I
N L Z P S E K J W M M S T T S Z N D V O A W O
A L O Q C P Z S I M U L A T I O N J O S D Z S
```

SPACEFARING	MOONSYSTEM	SHADOW
DARKMATTER	DEEP	GAZING
ROBOTICS	JPL	JUNO
OORT	HYPOTHESIS	MOLECULAR
TYPE	TECHNIQUES	PROPULSION
BIOFABRICATIONS	CLOUD	CHONDRITES
SIMULATION	MYTHS	EQUATIONS
TECHNOLOGY	RETINA	ENFLAME

Puzzle # 21

```
Z B Z U O N Y N D N C V S W Q T H N P V I H B
W J M D C E X P L O R A T I O N E A V E J T B
E S X I G O J H N Y A A C O N S T A N T L Y X
A Y M O G A U K T I C Q G E V A W E D I L S F
R P O X E L L J S Z C B A R Y O G E N E S I S
T L C I L C A A K T R N I J S B Q E S F Y A M
H A G D L B W Z C N E U T R O N S T A R S R I
L T H E A K D K E T T O B J W J O Y I V P I C
I E R A I Y L X E C I F N M O P O A F T T A R
K A T P X P L H Y M O C H B R R P I O V S N O
E U X A A B X D U K N W M Z B O D U R T B E C
B S Y S L L I R D R D U V I V O T Q M U H S O
T S N O I T P U R S I D T O S G Y S A G Z P S
I H Q R D S A E B I S S Y J Y U F W T G U A M
L V R G X O Q G M G K A B C N S H Q I S F C I
N S T R A H C Y K S G K O E C I M Q O B U E C
B H O R O S C O P E S W X J O L A J N T N D N
I L G Z C U Q K S E W Q X L M T R D S G U I C
```

SKYCHARTS	EARTHLIKE	AXIAL
DISRUPTIONS	HOROSCOPES	SYNCOM
SLIDEWAVE	BARYOGENESIS	ORBITS
DIOXIDE	PAIR	FORMATIONS
CONSTANTLY	ARIANESPACE	ACCRETIONDISK
MICROCOSMIC	PLATEAUS	DRILLS
DUSTSTORM	VOYAGES	NEUTRONSTARS
EXPLORATION	GALACTIC	GLAZE

Puzzle # 22

```
M Z E Q A D I S T R I B U T I O N S F A Q H V
M X H O P F Z F M Z O S N L H T N Y S H U K D
L E R H O T O L L I A U I J O G Q U P B D J O
S S Y J L J G G T M S E S G M O P O E O S K F
B P E M L Q L N N S I N W C N E P Q C Z J T G
P E G I O J A O O V B U O E K I F L T D A B V
R X N M P R Z W K I T M R I T A F Z R Q M G B
D A I Y N O E S T O R I E S T U Z I A I G Z J
E D D T O E R G K C K O K R H A A E C R H Y C
Y Z L I U Y L T Q U A N T U M J G O F A P W O
C G O R A S I N O I T A L U P O P I B U N V O
I N F A S N H F N S G N I P U O R G V B O C I
Q H N L P I C L B K I M O T I O N E K A W Z E
M B U U H X V E O I P N D W A R F S H V N S B
Q M F G E Q J L V S M T A N O R T H O S I T E
J D S N R G W D N O I T A R O L P X E M S B I
M C I I E U Q N Y Y Q U T S I N F R A R E D P
P R W S S G L B T O B S E R V A T I O N A L O
```

EXPLORATION	DWARF	ANORTHOSITE
DISTRIBUTIONS	SPECTRA	QUANTUM
NAVIGATIONSIM	ORION	SINGULARITY
SUN	APOLLO	SIGNIFICANCE
GROUPINGS	ANISOTROPIES	UNFOLDING
MOTION	INFRARED	RADIANCE
OBSERVATIONAL	POPULATION	STORIES
SPHERES	WHIRLPOOL	GLAZE

```
D M T S N R U T A S U C H M L F P U S K O N D
K A V M W C S Z Q N D P Z X B R I T U J P P C
H E X A G O N A L W N L Q M E O D Y N F V A E
T V S N O S A E S G N O L A K F G R L A I U T
B G E C A F R U S B U S Z Y L S M O I E R E X
T I N U G N I K C A R T L I Q U F X G N T O I
D K A P P L I C A T I O N W R K B X H I U R D
V S I D L P U O R G L A C O L O G E T H A A C
Q L C B I V V B P A M X Z Q T K H F N S L D M
O V G E M G V K H D T Q X J X S V H F R M I N
M G J P W C T S H O X M Y K H S I T P A F O U
I E N C P J Q S I S U F O E X R P C R T R P U
E W T O D Y Y T D G L F R S S X L I I S W V X
D H D C R Z O O M M N A C D P X E V N S R V R
X E V P W T F L I Q L A C X W H B V S O Y J B
R J C Q S G S P X O J H L Q O P E M E N R H R
H A N A L Y S I S S X L D S H F R R P Q W S P
C G S A Y L B G C B L N N D K A X H E Q F B H
```

SOLAR	ATMOSPHERE	LONGSEASONS
ARMS	VIRTUAL	PHYSICIST
STARSHINE	LOCALGROUP	RADIO
ANALYSIS	SUBSURFACE	NEBULA
APPLICATION	ZOOM	TRACKINGUNIT
DECAY	SATURN	STRONG
SUNLIGHT	HORIZON	PLOTS
HEXAGONAL	SPINOR	SIGNALS

Puzzle # 24

```
B I D E N T I F I C A T I O N V Y V E Y Q S C
V Y B T L U A D R S I S E H T O P Y H Q H E M
I G B L A F M T V I E W S E U A G A P J E O P
P O Q H N H R T E X V N L O A F J U T D R G R
G L Q J D B O H K T S I G O L O M S O C O P E
Z O Z J T B T G I A U N I Q U E D P L C C F S
R H E F J W S I L A C I R O T S I H J T N L S
L T R A T B T L H G F W Z E L R U A J O G I U
A A Z Q R X A R T N O V U N J W C X T Z R P R
I P C O T K E A R I W X X A J O F O X E B E
E O M I V L R T A K S Z J C F O H R Z V X T Q
P I E Q G D G S E C F E K I X P X K D M J E Z
O L K T S O R U G A W B R R S T N A N M E R E
I A I K Z C L K A R C O O R D I N A T E S R Z
S G B K P U Y O S T R R P U L I G Q J T E A Y
S P A C E T I M E G E D K H L D Z Y F V A I Y
A V F L O A T I N G Z C M C X A U Z U Y C N O
C H Q J Y K Y S E H S I N I M I D Q U E D S W
```

SPACETIME	GEOLOGICAL	GREATSTORM
UNIQUE	VIEWS	COORDINATES
CASSIOPEIA	PHOTON	TERRAINS
PRESSURE	HURRICANE	REMNANTS
HYPOTHESIS	LAND	DIMINISHES
COSMOLOGIST	CORE	EARTHLIKE
HISTORICAL	IDENTIFICATION	STARLIGHT
TRACKING	FLOATING	PATHOLOGY

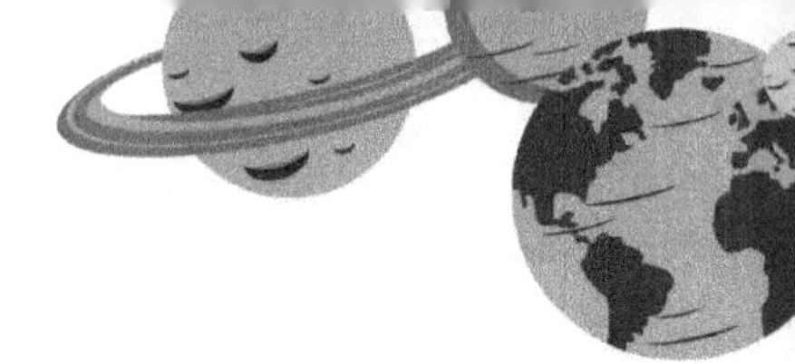

Puzzle # 25

```
W V Q H Q E R E H P S O M T A V S S W R T U L
F L T N M S K Y L S N A I V A G T F A S W E M
Q A A V X J D R V G Q H H T E E N B S Y C A L
U T R O T A T I O N A L S M E D A F C N W S M
T I I N I S S A C X K F T R Q W I Z I C M T U
F G L O C A L G R O U P A Z U X G S S H Z R H
I I Q D G O L A T A C P R Y C G R E Y R F O Z
W D F T J D O V B R B I C M V Y E O H O K P M
S O T L E P Y A U H L V L Z E J P N P T E H D
E E U J P K F C C Q A H U Y E M U A O R H Y N
H X U T C M N U Z Y C O S U W R S C I O L S J
I Y K O E Z B U J M K F T A J M X L L N H I S
H S R I D R O M I O H Z E W E B M O E K A C N
R K F O J H S S R D O V R T U R X V H Y D A C
S P H E R E S P C N L X S A N S U S N E C L T
G G Q L G I I S A O E Y H V O J M K Z Z L Z P
P P L Y O Q F P L C S Y R O T C E J A R T W U
O P J N M U K D O D E D T N E N A M R E P Z Z
```

BLACKHOLES	SPHERE	VOLCANOES
CENSUS	ROCKY	ASTROPHYSICAL
GAVIANS	SYNCHROTRON	VACUUMS
HELIOPHYSICS	CASSINI	SUPERGIANTS
ROTATIONAL	STARCLUSTERS	DIGITAL
CATALOG	ATMOSPHERE	SWIFT
MISSION	SYSTEMS	OUTERSPACE
TRAJECTORY	LOCALGROUP	PERMANENT

Puzzle # 26

SCARPS	SLOWROTATION	LONG
POPULATION	WORMHOLES	HIGH-ENERGY
ENIGMA	MILLISECOND	ECOSYSTEMS
UNIQUE	REGION	NUCLEI
JETS	NAVIGATIONAL	SPACELAB
CHARON	EROSIONS	FELL
DISTRIBUTION	BINARY	MONITORING
VOYAGING	CENOTAPH	CONTINUUM

Puzzle # 27

```
N N X T M Q P I C T O G R A M C U B L F H Z F
E U H J H X G I N K Y I J V J R P G K J Y C R
B P F G Z J A H E S P I L C E A M A E D P R N
U W P I T I U K M S L X L C E T F N Y C E B I
L N R B R C H P I N F I N I T E P B J Y R Q G
A T I A G N I R E V O C S I D R C J H H N L H
U N M Q V B A P A N E C T E D S D A W X O R T
R U S E C A F R U S K R A D E I D C I U V V S
I K S C I S Y H P O R T S A P Z Q M Q D A T K
D I S S E M I N A T I O N A H S D S A O O C Y
R S N O I T C E L F E R R O B V W T T K M Z G
R T K L N L M Z O C H J I T U Q R M V M C V C
E J O A F C S C U L P T O R P R I H C I F H A
C J X X T Y S S E L T I M I L S G I U G A R T
L L E V I T A I D A R I N F I N I T Y N V H F
I A G C C H P Z D V K V L H I D T N G A J L P
U C K I T R O U A N E M O N E H P E I K X T S
A T I Z Y A V I Y P C I L X N X S O Z X L L W
```

ASTROPHYSICS	PHENOMENA	REFLECTIONS
EJECTA	NIGHTSKY	ECLIPSE
PICTOGRAM	DISSEMINATION	INFINITY
BAPANECTED	MARIA	NEBULA
RAPID	HYPERNOVA	CHIRP
INFINITE	CRATERS	CHANGES
DARKSURFACES	ZODIAC	DISCOVERING
SCULPTOR	RADIATIVE	LIMITLESS

Puzzle # 28

```
Q O X P V S T P B E V L N O O M D O O L B M B
T H A O V H U P F B N A R U Z L E Q G I M M H
W T J F A C K S G N I T I B I H X E I C E D E
H G G L U E U T V R V J E G J S S F I F K I O
A Q O W D T W A A I K K D X S M R Z Z U W X R
R S J K R W K R C Z U T U G K A O Y Q H Y I B
C H O D E E G G U X N T O J Y H S G W V N W I
H W H R W N O A U H I A L H O X N G P C P O T
E K V F G A L T M R D J C I V T E W L J E N N
T Z D K N D Y E S E T A M I L C S I W Y J G A
Y C B Z Q H G P G V Z H X J N C N A V J S O N
P E R E H P S O N O I N Z W C A S Y E A D I O
E D J D R T L M C R F B V W T C S O T P L N T
S G N I N N I H T S E N T I T I E S U M B G E
V J S T F I Y M Z R I B O L G E D L X W Q E C
X O A Z X U L F V A U N O W L G Y H J C M J H
N C I U R J L K M M Z D W Z J P Z E H R W Y H
W M C D O X F J X S F P G O C T B R S F N E T
```

VOID	IONOSPHERE	ICE
ONGOING	HALOS	EYES
STARGATE	NEWTECHS	ORBIT
SENSORS	CLOUD	SKY
ARCHETYPES	MARSROVER	THINNING
FLUX	VACUUMS	CLIMATE
BLOODMOON	PATH	ENTITIES
NANOTECH	EXHIBITING	INCLINATION

Puzzle # 29

```
K A W G Z U E A L U B E N E H M Z V I D E O S
P M G N I S S E C O R P E R E F M B A F U E D
C N U I M U N L A N O I T A T O R Q L H V Y O
P L J T A T N L L F P X O D A R A P N I W T O
C A B I R L T P D B J P R N B M N L I C G Q H
G J I B S J X L O K D T D E K S E B E R Q E R
U Q R I R S E A R B B I E B K O W C C O S X O
E W D H O A A B E R G T V U E W T G A I S P B
E C Q X V T W J I L Z A R L Q O E B P R G L H
V T T E E U E C T F P N B O Z U L H S E E O G
H I I R R R G D N S C I T S L F E L X T J R I
Y M B R K N E R O S L A K I W L G E C N Q A E
H P G W D O B F R D X O M T L Y R I F I C T N
I A Q U A N T A F X Y E B Y E V A W O R C I M
I C Q I L V O D S A X J O M X W P A F A Z O X
F T S C I S Y H P O R T S A Y E H K A I A N X
N S D A B Z P K C M Y G V M H S M E R C U R Y
V L T W G B I T I O P X D E C L S T T I I I O
```

ASTROPHYSICS	SATURN	TITANIA
FRONTIER	NEIGHBORHOOD	TWINPARADOX
EXPLORATION	QUANTA	MICROWAVE
IMPACTS	GAS	SYMBOLS
NEBULAE	EXHIBITING	SPACE
REPROCESSING	MERCURY	INTERIOR
VIDEOS	ROTATIONAL	MARSROVER
NEWTELEGRAPH	NEBULOSITY	CHONDRITE

Puzzle # 30

```
H A Q A H Z S L A N O I T A V R E S B O Y E C
Y P E S T M D L L B L A C K S P A C E H K C V
J R O S U S E I R E V O C S I D J J Y F Y S A A
Y U I I M Y U X O D A R A P N I W T T E T F R
M N D E Z H E R E H P S I N A L P I D T H R I
G E E A A U G P A S K A L Z Z G V L K Q G U A
M T N S O L U T I O N S Q E J E U S G U I S T
A H T T C R O U A V I A S B G I R T L T N N I
Y N I N J N Z E O T R N C N X K J C U Z N A O
O U F F U Y H V X B E W O Q D R N K B Y A I N
Z E I L C R K G E W Z L H B T A Z U E L I T S
T N C W R T N O L Z A T I U S E C A P S T R M
X A A M A R S K I A G I A L O S T Y K E R A R
J S T J T T X Y S F Y S N O I T A N I G A M I
U X I H E R E F K D K U W O N M Z R N K M U N
E W O S R S S R Z V S T G B V D A E Q N G G C
C F N Z A P H E L I O N M A E A F L M L K M E
Z X V D E S S E C O R P T S H I E L D I N G B
```

DISCOVERIES	RHEA	SOLUTIONS
MEDIUMS	SPACESUIT	NASA
PROCESSED	SHIELDING	WATER
OBSERVATIONAL	VARIATIONS	PLANISPHERE
TWINPARADOX	MARTIANNIGHTSKY	BLACKSPACE
LOST	CRATER	IDENTIFICATION
NOVAE	IMAGINATIONS	SKYGAZER
MARTIANSURFACE	APHELION	LONGEVITY

Puzzle # 31

```
Y G R E N E H G I H S T R E A K S A N C Y L Y
Z I G N I S A H C T E M O C Z T S T S X Z S L
K H P N R W N M F G C M K I P U X T E E C I W
S I M U L A T I O N S U L G H T A E A M T B N
W R F L S P H M R B B A R T E R I H C T O F M
H A T I U S P M U J R X V I N L B P F K I C V
I R K B E N M R K D I I V M O E E I A N X O Y
T Q S U E M U A T F G O U T M S E S S L H G N
E J L U I O Y F J J H N N M E V I Y B D Z H N
D B N O N G A L A C T I C D N Z M T G I W J H
W I R X F L D B W X N Y G F A J A K Y I U Z H
A E R U T A N I N T E R P R E T A T I O N F V
R S E S S E C O R P S E F S N O I T I D N O C
F Q U W E P L A N I S P H E R E P M V Z B X Y
S T R A N Q U I L I T Y T I V A R G O R C I M
G P N L D C I U C D F T C E D E O D M J O E M
D B D I G O O A X G N I T I X E R X I G C K X
W Q W N A N O B O T S Y L T A L B U Z M X R N
```

COMETS	BRIGHTNESS	EXITING
MICROGRAVITY	TRANQUILITY	WHITEDWARFS
COMETCHASING	AXION	INTERPRETATION
PROCESSES	STREAKS	SIMULATIONS
NATURE	NANOBOTS	STATION
NONGALACTIC	PHENOMENA	CURIOSITY
CONDITIONS	PLANISPHERE	HIGH-ENERGY
JUMPSUIT	BLUESHIFT	FEVER

Puzzle # 32

```
S I U U L M I V V U F B F I K G V C S E R H V
E E L E C T R O N M Q T S D Q N C O G C B Q J
R J F H Z M H Y L O V A E F R I U D Q N Y X T
O G K S E A F S C O S M I C A R B I W A F H P
S S O R R A V C S L J U H O L E S E C R E T S
I U G R S Z V M E V M N B I M E M P J E I H D
O N A K Z R Z Y I Y G L F P H N O J O V L Y N
N Y O L R A Y R T A F O D E P I Y A R E Y D I
S O S O S G T I I N A A A J A G P S Q S G R W
R R G K M U S E D R E T D A R N R E U R O O R
Y B O E A R S R D J S L B D A E O A A E L T A
V I A L E R E J O H M H B N B O C G R P O H L
J T J V E I Y P I H A X F A O I E P T F H E O
Q X I T F A N E U I U X A R L B S Q E O T R S
U D A J H H L R F S R A Q I I W S L T P A M A
B R U J G D W E A J P L S M C N O W A I P A S
C P P G L R P Z A Q P U G F Z I R F H E Z L S
Y T I M I X O R P Y O B W S U P E R G I A N T
```

ORBIT	SOLARWIND	SUPERMOON
MIRANDA	HEAVY	PROCESSOR
HOLESECRETS	PATHOLOGY	COSMIC
EROSIONS	DIVERSITY	PROXIMITY
VIRTUAL	HEATSHIELD	QUARTET
PARABOLIC	CRATERS	PERSEVERANCE
HYDROTHERMAL	ELECTRON	ARRAYS
BIOENGINEERING	SUPERGIANT	ODDITIES

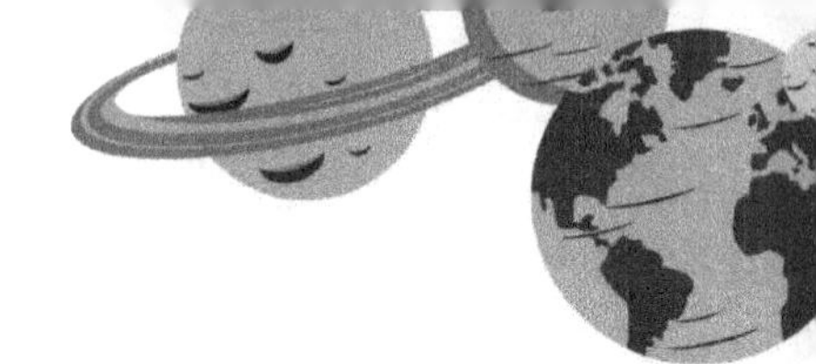

Puzzle # 33

```
W P G P A T Z J Y S Z V K S T G F E R H E B U
D U N U I W N C P S F N P X V X X B D N V P I
O S U N L I G H T R Z I G I A H A J A T Y R H
O O L D C V D D E O C G S U R S V R S X M I H
H M J M K O X M V S S H T D I K R W R A S N N
R U I S E A M J P N Y T U E A E S Q E M N C K
O L T D E S U P G E K T D R T A C P L P O I C
B U B Y N I N Y U S W I Y E I S I A B L I P L
H S N O Z I R O H T W M I H O N M M A I T L S
G T Z L D L G E P A E E N P N O O E N N P E U
I S I H N R W H S C Y R G S S I N S I D R S U
E E A M S J G P T R G R P O H M O R A F O E X
N G D C H T K Z Q G U F F M X R R E T F S G U
G G H I G H L A N D S N J O B E T V B L B Z S
R I K J Q M O O N B A S E R J F S I O S A W W
O B S E R V A T O R I E S H U A A N N T H Q L
E S O F T W A R E L K D R C Z N N U U V G U E
Z D I S T A N T P A S T U A H N W F L G S S Q
```

OBSERVATORIES	HIGHLANDS	UNOBTAINABLE
PRINCIPLES	NEIGHBORHOOD	MIDNIGHT
SENSORS	TERRANE	VARIATIONS
STUDYING	SOFTWARE	COMPUTER
CHROMOSPHERE	SUNLIGHT	NURSERIES
HORIZONS	MOONBASE	UNIVERSEMAP
BIGGEST	ABSORPTION	ASTRONOMICS
DISTANTPAST	NIGHTTIME	FERMIONS

Puzzle # 34

```
T B L A I R T S E R R E T A R T X E D V N G D
H A N S T N E V E S A N N E T N A O L I G Q L
G L O O U M L O W T E M P E R A T U R E O R A
I M D J I N A Q Q S N A I V A G Z J T K Y V N
L A P L S T C B W B V B A E T A B O L Q A O O
O G O Y R I P L W P R O T O S T A R U N C S I
S N N H E I S U M H D Y X I C M S T W N E I T
E E O V J J O E R P N U V C M U P U S O D R A
P T R I I T E J V E F C L E E D A I P P Y E V
O A X A D R O E C U S L T L C M S N K Y Y N R
L R U J L N Q W W M O E C P P E P X Q N T I E
E S C L V F T E U Q O U R J H T N U O M D R S
V Z H Z V C R D F R N V G T U X H I B Q J A B
N T E C K H O A I C R L O H Z J Q R T P I M O
E G K N G F Q T L B K P K J H I G H L A N D S
U I D S I G E L A O Y V L Z R F S D N I W J U
A Q O O C T U P D H S M E P A X V K T S S Z Y
U T N S A O H I V F T Y C W Q F P C N H Q U Q
```

VOID	LIGHT	MARINERIS
OBSERVATIONAL	MAGNETARS	ANTENNAS
GAVIANS	SOLARFLARES	EXTRATERRESTRIAL
LOBATE	LOWTEMPERATURE	EVENTS
METEORITE	MOUNT	DECAY
ENVELOPE	WINDS	BLUEJEWE
HIGHLANDS	HYPOTHESIS	ZENITH
PROTOSTAR	NUCLEUS	ERUPTION

Puzzle # 35

```
V Z D F O E L S H Z G L A G C V N O L T X S F
S R I N G N E B U L A N D H P U R E K J D D X
T O P G X O D A R A P V A E J N M S Y S T E M
E Y V N L P Z N E G A S E A S D T Q B G P R B
L D O I X H T X C I N G R O H J K G H R S S Q
L G K H E R A A N E S C H W A R Z S C H I L D
A C E C L U T U E V Z T T O S M I J Q Y D D R
R Q T T Z Z I R N Y R E V O C S I D U I D A E
N X I A R I B O I W L Y J O Z K Q Y A X A S Y
U T S W F L A R M O S H Y V S R Y X R X T T O
R E O Y A A H A O G K W R N H L D E T X A J A
S S H K K E P L R I V K M E F Y F G E B D H N
E S T S S K I E P M A J Z O T F F U R O R O Y
R E R D F C J W O L T I Q I E S H N S R I C I
Y R O C N K I O N Q U Y Z C S L U F D T V L T
Y A N V V N Z P S C A T T E R E D L O P E Q F
P H A D D S P E C T R O M E T E R M C U N E X
K Y K S W R S Y M B O L I S M S U R F A C E B
```

SYSTEM	DAY	DISCOVERY
ANORTHOSITE	SPECTROMETER	ZOOM
DATADRIVEN	RINGNEBULA	WINDS
TESSERA	QUARTERS	SCATTERED
PARADOX	AURORAL	CLUSTER
SCHWARZSCHILD	SURFACE	EFFECT
SYMBOLISM	SKYWATCHING	HABITAT
PROMINENCE	STELLARNURSERY	MOTION

Puzzle # 36

```
R G L D R D U A E M Q V M E I I I P M S N L Y
B L D N G H T M W N A O O I P M N B U T M N S
T E L O I V A R T L U Y O D L A V Q L E B C R
Y L W V I S L Y X Q P A N N T G F V T X X R X
M D H E E A Q G O C F G W V I I M F I P V C K
O L I C I H R O V O J I A R X N L G V E T H W
G A T A U X E X X Q I N L E H G F N E R Q Q L
K D E P S T A T I O N G K U L I Q M R I P A I
T O D S C O S M I C D A N C E R O V S E I T V
S N W E T I S C E N E S E I T I T N E N I X Y
E B A N S A N O I T A L U M I S H Q F C N Y A
G D R A J J R S R H Y S G M Q U L R K E Q U P
R M F I I B P D H B P J Y S I M U L A T O R W
A P S R S H P T U C I D S E R A L F G V R M M
L Q Z A E J Q D C S G T H G I L R A T S E N X
G O L R M X S D W L T B I O D I V E R S I T Y
R K E T L I M W I N D S G N C N J M O Q Z X D
E S P D S X M F J E K Y J D G D V K Z K J A B
```

ORBITING	ULTRAVIOLET	BIODIVERSITY
LARGEST	SPHERES	VOYAGING
ARIANESPACE	SIMULATION	STARDUST
FLARES	MIMAS	STARLIGHT
EXPERIENCE	SIMULATOR	MOONWALK
WHITEDWARF	MULTIVERSE	WIND
IMAGING	ENTITIES	SCENES
COSMICDANCE	STATION	NODAL

  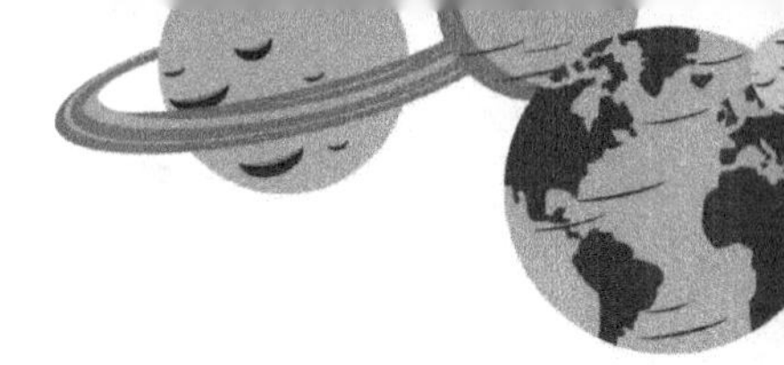

Puzzle # 37

```
K S D T M F M P O V D Q U Z X T A E D P D V E
M O V E M E N T S N T O B W R I V E R B E D S
M M T C W B E F L T O T P T E C I T S L O S Z
V T S B O D I L C U E R Q P T E P E R S E F P
I Q U C N M S F H C C P E U L F Y E B E X Z E
S P R M O O P S J Q E B F T E E V U E M L C R
Z J H A I Q O R E P W R E W U O R U W U X C P
I E T G T D Z N E L A U V C L R X D Q L F N L
A C C N A D C L I H D A V V A D N F D P Q J E
F N O I M G V W V R E N E M L A T I T U D E X
N E N T O W I M P V X N U G Q T K P A C F S I
Z U C U T J B W N B K M S O W B C F Y V X P N
Q L E D U P P H B I Z T A I B E F V U O P I G
G F P E A G N I T S A L R E V E A B Z D H N I
I N T T T F R E N Z I E D L I E U K K Q Z O L
T I S C V A N O I T A V R E S B O S A X A R P
A W O D A H S R A N U L R S E I T I V I T C A
H G Q X G V C E Y R P I G W N P Z E J P O G K
```

REVOLVE	THRUST	OBSERVATION
EUCLID	ACTIVITIES	NORETURN
RIVERBEDS	LATITUDE	PLUMES
SOLSTICE	CONCEPTS	SPINOR
COMPREHENSIVE	DOPPLER	INFLUENCE
WIMP	LUNARSHADOW	PERPLEXING
MAGNITUDE	FRENZIED	MOVEMENTS
BOUNDLESS	AUTOMATION	EVERLASTING

Puzzle # 38

```
L A T I G I D Y K S R A F Y D W M T S K O L E
K F U J E L C Y C R A L O S E G N A N Y L V H
Y E W W C C D G L A M R E H T O R D Y H N Y T
W M W Z G O V X X Y I S A I N T H S A L E D C
T D W X G S I W U W M A G N E T O S P H E R E
I L F Q N M M G L M Y S U P E R N O V A S X N
I H H E I I Q R F A C D G Q Q D O J C V J D E
U Q C J N C Z A B X Y S E R U T A E F B L I W
P X N K T R V V B U E L T T U H S E C A P S M
K J T E H A Z I N M A G N E T O T A I L B T O
Q A Q H G Y S T S I Z I K H S V V T O S J A O
F J G P I S K A F P S S W U O I S S N O H N N
D A J R L K G T P L I N I J U E E F O U A T G
T Q P D D D G I Z W P O A N L R U T I Y Z P Y
R A L U N N A O R L P S K E O T M D S U E A J
E Y Y T W L G N K F I A C H Z L D A U Z V S T
Q M T R I J H A Z V N E S W Q I X A F Y P T H
C A V E W O R L Q J G S G R A L M A A R R A Y
```

CELESTIAL	FUSION	LIGHTNING
NEWMOON	HYDROTHERMAL	SHORES
SPACESHUTTLE	SKYDIGITAL	SEASONS
SOLARCYCLE	MAGNETOTAIL	ANNULAR
SUPERNOVAS	DISTANTPAST	SIPPING
ALMAARRAY	MAGNETOSPHERE	FEATURES
HAZE	GRAVITATIONAL	COSMICRAYS
SOUYUZ	EVA	FLUX

Puzzle # 39

```
H A O R A R B E C S Q T C X U X A V U A X Y D
W I F D E I J N I N E S P I L C E R A L O S G
K E S T B D H D R O N O I T A Z I T N A U Q B
A C T T N Z H E T I U K F O C A L P O I N T P
Z A T F O X F A N S Z F L B D N I W R A L O S
M S P L H R V V E I R S N A N A O R F K Q X S
P R P V V U Y O C L U N W N W F H Z J D S R R
I A X I E F U R O L T T I Q I E N E P M P K E
P S P F J W Q S E O I K E K G C C T O S E U T
Q L J T D W S R G C J S A F V E E A K V C H E
E U M H N O I T A Z I N O I F C A Y P M T X M
P P C L Q E P O W E R F U L T N D A Z S R M O
E T O Z S E T Z R G P J T E S I U T G P O Z R
N S M Y T H S H S U B F D R G T D B C C M X T
T A G C Q V S E E F G F D I Z W I P X X E X C
T E L E M E T R Y R L F T T Q A C C D U T G E
X S P U T N I K E H M A Q Y Q B B R E A E M P
T Y B O A I U K S D L X M H U F P W J G R Z S
```

ETHER	SOLARWIND	SOLARECLIPSE
MATTER	MYTHS	ENDEAVORS
TELEMETRY	SKYDIGITAL	GEOCENTRIC
HISTORY	PULSARS	RED
DETECTED	SPACEWALK	FOCALPOINT
SOLSTICE	SPECTROMETERS	POWERFUL
COLLISIONS	IONIZATION	QUANTIZATION
SPECTROMETER	SPUTNIK	LOST

Puzzle # 40

```
A L S S E N T S A V S E I D U T S U C G H A C
D S H R L M N U T C E F F E L O O P O I L B T
E U O D E L A X V F L R E L P E K R N C B V P
S D U O L C N M N R E T T A P M P O F V D O V
O X A O K B O U E D O C E T Y B O B O Q P U V
H C G E R W B R E G R E S S I O N E U E R N F
C C P N E H O H E M I S P H E R E S N N W I P
K R F Y I C T Y M I S F E G T E A T D D Q V J
F J D Z W R S D S V G I N T R O L R G K E E Y
A J L P P O E W V U Z M C U P U Y T I V A R G
X F I I Y Z M U V C D S P I N Q N N M D V S L
T T G N Y W A P Q B T T U A T A T R N I E E X
R C H X A E R V P N I W M E E N G L I M W M C
L S T L B B I L O O O O T N I E A P D Y B A K
P J S L Q W N J N F D C U O G Y D M R T P P D
S H Y X H Z E C H U Y P O R T O S I O D L C J
P W P R R V R T L R C X V D Z T F X E R D X U
V D E L H F O E A T L R E P R O C E S S I N G
```

GRAVITY	BYTECODE	CLOUDS
NANOBOTS	PATTERN	UNIVERSEMAP
OPEN	ERUPTION	DRONE
STUDIES	VASTNESS	PROBE
CONQUERING	ISOTROPY	PROBE
ROMANTICISM	MARINER0	REPROCESSING
EFFECT	LUNAMODULE	KEPLER
REGRESSION	HEMISPHERES	LIGHTS
		CONFOUND

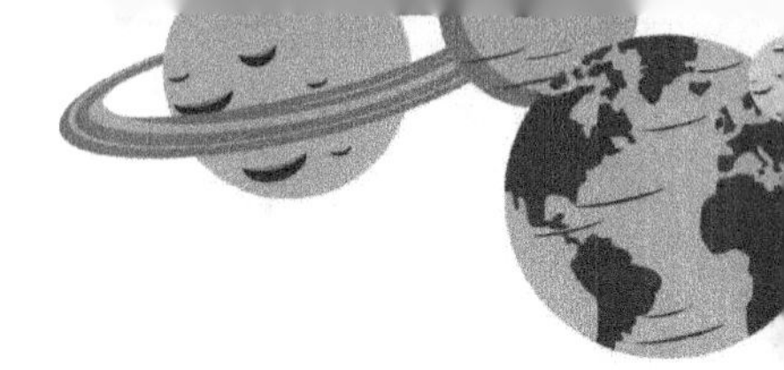

Puzzle # 41

```
P C M N V L D Y V S A X T N E M N G I L A B C
J J I B O L J A X S C I M A N Y D O R E A A D
L H P N Q M A C R O T A T I O N B K W K V F N
B G I T A W G E S X G S P A C E W A L K S O A
Y E W A A L D D C T K F O A N A T U R E R K N
S D F Y R E L A T I O N S H I P S F Y B S S O
E C T I E N F E O W H D S D V O C F I C P E B
A X N C T P M X G L I A Q N V V V T J D E R O
R V A C U U M D V A Y R I O P E E Y T Q C E T
T S T R E A K S Q D M A S C Z R B O Q L T H S
H V H V T P S C E P L F P E L I N S K B R P Y
L Z O Z H X T U Q Y Z U M S C M T Y H L O S A
I J Z N G N N N B Q B C O S M O G E N E S I S
K X K T I P A G X M E T E O R I T E S G C M C
E U Z M S P N T R F J W V Q C C R G D X O E M
J K N K W M M N J V X F F J T A S M O C P H N
O V K Z E Y E V W H R U S E G A T S E Q E R L
N Z F D N P R S E X O D A R A P S T O V S O J
```

SPECTROSCOPES	RELATIONSHIPS	STREAKS
VACUUM	SPACEWALKS	PAYLOAD
PARADOXES	DECAY	ROTATION
REMNANTS	ALIGNMENT	HEMISPHERES
AERODYNAMICS	NANOBOTS	MAGELLANIC
SECOND	EARTHLIKE	METEORITES
STAGES	NATURE	COMSAT
NEWSIGHT	COSMOGENESIS	ORBITER

Puzzle # 42

```
S M Y F X U Z E N I B G S S H I A F R P J U U
R C V W T R E A S U R E S R C Q Q U Z A E W P
O L W Q J X T N A T S N O C E L B B U H L V A
I D J J G G M W G R N S O N I R T U E N C X F
V V F P S S E R U T A M R A W F J B C X Y N X
A E N S I G N I F I C A N T C G U W C V C M K
H N W R E D P L A N E T U U E I Q L L S R P M
E E P E G S N O T I V A R G P K Y G L B A U A
B R R A T Z H H U Y M G N N O T I R T M L V P
G A C A G N I L E D O M O K C K A Y T H O Q P
N S D A L W Y H E U L T I X S Q D R Y H S O I
A O N M T F C C N C P H T Z O V W A K P L P N
F U G A F A Q Q P Y I I C U R B M N V N V W G
H I H A I O C F N E I N I Y O F E I B D P Z O
S S F G X V D L L N I N D R H C D B K A P S P
T D O N C E A A Y G B I E T N A I G R E P U S
A M H K L O H G U S T N R V M U C H P S W V Y
R A L O P X D K U H M G P I N O S F F I L C H
```

SOLARCYCLE	REDPLANET	FULLMOON
TRITON	BINARY	PREDICTION
THINNING	HUBBLECONSTANT	CLIFFS
POLAR	MAPPING	SIGNIFICANT
NEUTRINOS	TREASURES	GAVIANS
SUPERGIANT	VENERA	HEXAGON
BEHAVIORS	MODELING	ARMATURES
HOROSCOPE	GRAVITONS	CATACLYSM

Puzzle # 43

```
Z B L S L Y R M D F Q E R A M D C W D H K P N
V P I I E A K C R S F I N A L F R O N T I E R
D S D S D C C R O G P F V E L O C I T I E S Y
O W W E G E U R J N T A B C Q E J B T T C T V
P Z F N T D N Y G D C F C P K T I N J M Z L E
P F Z E W N T F M S Y E I E C N A Y E V N O C
L E V G T N A I G S A G P H W G I Y V O I D S
E Z B O M Y T H O L O G Y T S A N J L H R A L
R L Y M P D B A S A L T F H S R L I P E S P S
E H R S J Q O N C X I G Z G V Z E K P C I T H
F G R O L U H G E B U Y A T H K S L S P C G H
F M E C P T D C R M L S J L G Z M Z P E I L H
E A G S E I T N E H T U A E P N Q Y L N S V S
C Y O E L O P I D T V M K L G I L W L O P V
T G L S E A U K M S O I Q W A N O K C J H D R
B J I X V C I W X I Q N U H I C S L W P A D O
F H T H Y Q Q R Y P W Z A K N T M F S A E M N
T S H X V H G L O W I N G N S S D Q F Z H X A
```

PLAINS	COLLECTS	CONCEPTS
VELOCITIES	NANOTECH	MARE
COSMOGENESIS	HAWKING	CONVEYANCE
BASALT	GLOWING	MYTHOLOGY
FINALFRONTIER	AUTHENTIES	DECAY
DOPPLEREFFECT	GASGIANT	REGOLITH
VOIDS	SPACEWALKS	SIPPING
LEIGH	DIPOLE	DOPPLERSHIFT

Puzzle # 44

```
W K N E A E R U T U N R A L L E T S K V D S H
E E S T Z Y X P L A N E T A R Y X H N B I Z H
C N J V R H L A G N Y A L Y S W V R C A F E I
F I A U E O G P N F M V J U F I E O D A Q X W
O G I L V J O S B S O W O J W D F G L S G A D
S V X E A S Z L W Q T G I G O T H B Q C R M H
W S I S W X B A Z T O Y N M L R Y E O Z A X H
I E R N E N W N N I H S S E L D N U O B H N J
R K O E D C H G B K C E L L I P T I C A L V O
L X S D I K Y I O K I I Y E C Y F O F S B U H
I W A W L A G S Y E D P U J B S N R K Q R C P
N Q T G S S S U P L N Y G N K O R Y H U B R U
G P A S T W A T E R S I T U K F J E Y Z O V L
E E I O V H T G E A R I N G L T H C G X M L S
H E R W J B D W A R F S T A R W Q K T I R M A
P M Z V I R V G T R O T R Y L A H E D Y O U R
Z Q F F L U C T U A T I O N S R W P G B P N S
Y B H H O R E T S O O B D V D E R O J Z Z C P
```

VOLCANO	SWIRLING	ELLIPTICAL
PULSARS	MODERN	BOOSTER
FLUCTUATIONS	DICHOTOMY	PASTWATERS
PLANETARY	OORT	REGION
VIEW	GEARING	LIGO
STELLARNUTURE	BIGSTORM	DENSE
ASTEROID	DWARFSTAR	SOFTWARE
SLIDEWAVE	SIGNALS	BOUNDLESS

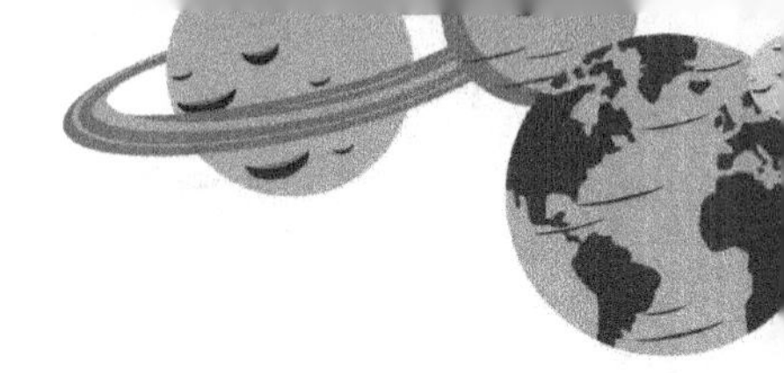

Puzzle # 45

```
N C H F T Z Q Y R M I C R O W A V E H M W Z Y
B U M Y Q M E B B X D G R H G K G N I M I T K
H L Q C U U S E C A F R U S K R A D H D Z P P
G T P Z A U M F W K Y Y T I S N E T N I Y V E
D G Q V N C G U C V R K Q Z R B O L T G F C N
J A V W T A L T A E H U R V B E F W O R L I M
C L K H A V A U P V V A T M B H I L T M E T U
K A X N S A T R S I O B B U Z K O R M D B O O
E X D J P B O E U T M P L I Y H O S R K F B H
F I S F A V T A L A Y I Z R T Y T N X A Q O B
J E U I C B Q B E V S L V A X A L E B Q B R D
H S F H E O I O S O T L P F I N T V Q K F U P
H R A L O P H U I N E A G U I N M A T F O L M
M E T H A N E N U N R R J A I Z V E D L R Y S
D R X M Y G R D Z I I S S G L K A H C R D L E
A U I P C D P X C U E V I U Y R F S M J I Y L
C X J V K Z D I U H S R U K U R A E A N F M O
P U I M P A C T N U O V R C M G S H G M Y B B
```

MICROWAVE	SLING	GALAXIES
METHANE	INNOVATIVE	VACUUM
DARKSURFACES	ROBOTIC	PILLARS
ORIGIN	BARRIER	FUTUREABOUND
TIMING	POLAR	GASCLOUD
MYSTERIES	IMPACT	CAPSULE
HEAVENS	INTENSITY	QUANTASPACE
HABITAT	TOTAL	PATHOLOGY

Puzzle # 46

```
C P R R S U B S U R F A C E X X I I Q R R L K
P S X X Y J E E R U P T I O N K X W B O U Y Y
D N U O R G K C A B S X Q M B L U L S L H F S
T R U T P I I B J S S R A T E N G A M L O L D
P R I N C I P L E S L T E E P A R A D I G M S
T Q D D Z J L R A E P Z Q V D Z L A Q T N E Q
L C T C C L G F A X I O N I L X S N O E O V L
E H S B B O G R E A T X Z S A G E T Z C R I V
A A E E R C S C I R T E M N T J R I F N T S D
G S S P U G R O O V E S P E Z E U M I A S S R
L I R R X J Z Y S M A A C H R M T A Q Y E A E
E N E X R B V A S Z D R Z E P A A T W E A M H
N G V Q M Q X N C O H N H R M L M T W V U R P
E C I Z E M I C I L Z T A P E F R E I N Q E E
B O N G L A R N F V A L H M I N A R B O B P H
U M U J L I M B O E X M U O D E S A X C B U S
L E Q P O W U G W A P S S C A F F G O J M S B
A T E N S Y V D Q H W C N J E X F O P W R Y R
```

PLAINS	STRONG	SUBSURFACE
MAGNETARS	ARMATURES	SUPERMASSIVE
CHASINGCOMET	AXION	CONVEYANCE
GREAT	PROGRESS	UNIVERSES
BACKGROUND	PARADIGMS	METRICS
ERUPTION	WEATHER	GROOVES
COMPREHENSIVE	ANTIMATTER	PRINCIPLES
SHEPHERD	EAGLENEBULA	ENFLAME

Puzzle # 47

```
F A G Q Y Y P Y U D O I R E P G N O L V P H J
A C U R A S T A R B I R T H A V J R O D O E H
S N K B H J T J P Q X A S T R O P H Y S I C S
J T H O Y Q Z N O O M T N E C S E R C S T T F
O N A H C J Y M O N O R T S A Y Q M X F H E S
O M E R D C T Q B O S R E Z A G Y K S T G C T
N S F W S N A L L W E H W S M W S R C W I H X
Z I X F S H D M K V R L H O Q A E E T H L N N
X R W C Y I I C G E U Z I A G Q F X C I E O T
L B I A G Z G N X Q T S R G C F W L Y B D L I
S E T R R Z J H E K A R L H E G C A F O A O Q
R D L V E R X Z T F R A P Q L A N D E R O G F
O K C I N B A F R D E M O O N F Q A L Y A Y X
M S D N E G E L L G P L O B W G C Q B Z I O W
A I I G K R L Y I D M G L X S Y R G R G T U S
N H S S R O E U O C E B Q N C F R X T H I P K
C T N D A W I D R P T F B L K O G I Q U N B H
E E Z X D L N A T H S Y E S R F N P C H N E P
```

ASTROPHYSICS	TEMPERATURES	FELL
RED	ASTRONOMY	STARBIRTH
DELIGHT	CARVINGS	TECHNOLOGY
CRESCENTMOON	STARSHINE	WHIRLPOOL
BIGBANG	EFFECT	DEBRIS
CYCLE	DARKENERGY	LEGENDS
ROMANCE	LANDER	SKYGAZER
MARS	NEWSIGHT	LONG-PERIOD

Puzzle # 48

```
Z D W S G N I V R A C X L N J R Z A S S K B A
T H G I S E M O N G M V L A T K L J Z N I N C
Q Z N A A A P E X A X M C Z T N I B K E C F G
I U T O F A U C G W R O F H I O A L B H F Y M
J Q A J I V U N N G P Y W C S I T Z J T D D T
A T I M L L E Y N A L G O R I T H M S A L G X
D X Q S B T E I Q D B N G V M P E P V P O Y Y
Z S K V I I P H F T Z O V D O U C N D Z F S T
T Z F C M R E N P M F B W M W R E J U W E W N
U H E C A V J N S A O K R D K E S P S T L Y C
W N P W B L U E T O O T H E B U R S T S P C V
N E L B A T U R C S N I B T N A A K S J I E C
L T X W Y Z W X C B B J C W X P W T J R B N N
L V U C N D I O N O S P H E R E F J O W T U O
J U T I U S E C A P S Z C T K X C Q R B M W Q
S E T A N I D R O O C A L E V M V A M V R F E
Y D A C P P Z X Q R P M B D P R E S S U R E E
H N H B R X H G U S X T E R R A F O R M I N G
```

NEPTUNE	PRESSURE	BURSTS
AMBIENT	SPACESUIT	TERRAFORMING
ALGORITHMS	WARPING	IONOSPHERE
DUSTSTORM	COORDINATES	CARVINGS
BLUETOOTH	GNOMESIGHT	APHELION
ERUPTION	MAGNETIC	TOTAL
DETECTED	ATHENS	SPACEWARP
TRIPLEFOLD	PARSEC	INSCRUTABLE

Puzzle # 49

```
F U J Y Q S C K S R P P G U X U I D S L U J O
G L A C I M O N O R T S A N A Y N Z D T Y X D
T F U H F P E R P E T U A L C Q J F N H U K P
E R H N D W P E N I D W G D I K R E C T S U D
L E V I T A R A P M O C G Y D T R M B Z Q P R
E O B S E R V A B L E U N X C C I N A C L O V
S M P E R V R A W I H E T K L R E I T N O R F
C E N I G M A S N O I T A L U M I S U B Y A B
O G R A L B V F Q X F G N M S G Y T K A L R G
P B M P Z E I G Z U Z H R Z T A F E V E R M P
E N L C M N O I S S I M M L E T N C T Q Y L M
D J A G I D J J J K R Z P R R S W H E S B B R
O P N T E P R O X I M I T Y S G N N T X S M H
M O Y T Y F N B E N E F I T S N S I S A M I M
E Y L O S S E R A M X Z O P Y I C Q P J Q Y U
J I P I K R W D C E Z L H T B I V U L E E L W
T O B S E R V A T O R I E S S S D E E G C N C
R F R D H U S M U I L E H M Y Y Q S V W R O W
```

OBSERVATORIES	ACID	MARES
COMPARATIVE	OBSERVABLE	SIMULATIONS
ENIGMA	FEVER	HELIUM
TILTED	MYSTICISM	MIMAS
CLUSTERS	BENEFITS	TELESCOPEDOME
PERPETUAL	VOLCANIC	MISSION
DUST	PROXIMITY	FRONTIER
TECHNIQUES	ASTRONOMICAL	INFINITY

Puzzle # 50

```
K S L S V N C W S K E E B B G L B H D U M W M
E V P E M A D W U S I H U V O L C A N O H V T
L L L V J S O O J G E Y D S Q R J N O N T N S
B X O C A M B I E N T N A R O V E R S X A O X
A H T R O I V A H E B F M U J F T B B X R I J
S U S F N I K U S T A K A L Z G F Y K F A T X
R R E T U P M O C E N T G W A B O U S J S A M
E S J G V O S X F C A N V V O C I N C E E N X
V F E I H F M B P H U I T Y K E L O A I B I P
A I R L E M A R H N T O B F L L X W T V G L I
R L O K C R E L O I O P S T N A P G T B U C H
T V Y H V I R Y B Q G L F G A F A I E E M N I
T T A I L S T M O U U A H M V L Y S R I K I A
N D P Y W U S R S E I C R P E G Q G E X P N P
A X B C K F N B A S D O M A S T R O D O M E Y
K A A S D C U C B P E F Z V O Y A G E R L X U
S I J L O L O C O G R K D Z R L N X Q C W Z A
E F V U Y M L R N E X E P V I P R Q R C Y X S
```

ROVERS	VOLCANO	PHOBOS
STREAMS	AMBIENT	FOCALPOINT
BESARAT	ASTRODOME	BEHAVIOR
PARTICLES	TAILS	ROCKY
PLOTS	AUTOGUIDER	EVA
TRAVERSABLE	AKATSUKI	VOYAGER
SCATTERED	CALMNESS	TECHNIQUES
JETFOIL	COMPUTER	INCLINATION

Puzzle # 51

```
Z W B A R G Y F L X P Y T N C N R T P Z Q B B
N L Z J W C Y K F Z E U R O P A L E T O A C G
M G A Y T Y U F S I T A P R B D V C T P M E R
Z B C N I E W Q M T X R E P O H P H E I Z L E
M V U X D Q N A W O H Y R P E R L N T N T S E
I N N R K S P V S V H G P M I B A I H I J U K
Q S O E G I C W E T A L I H B E T Q E O F P M
A X B F L N I A H L E N C N N T T U R N K E Y
T U T L P O P B P R O J Y V N W D E B I Z R T
M N A E Y I J H S E S P I V Y A K S C A E N H
O R I C E S K H E T C R E N W X I Z O L R O O
S A N T Z U I C I P O R T O S I Q T Y K M V L
P X A O L F Z F A N S N O T O H P V R D N A O
H U B R T N E D M K X C J W L P P A Q A M S G
E B L F L N Y E I Y R T E M O T O H P S M I Y
R Z E X E A N Z U Y M L C L I G R I A S M B M
I B D B O T W H I T E A S T R O G A T I O N A
C J J W K J U O U N L F U P D L C D W L I D G
```

FUSION	EUROPA	ENVIRONMENT
UNOBTAINABLE	PILLARS	MARTIANNIGHTSKY
PHOTON	CHIRP	LANDSCAPE
SUPERNOVAS	PHOTOMETRY	GREEKMYTHOLOGY
TECHNIQUES	TETHER	ASTROGATION
DOPPLERSHIFT	ATMOSPHERIC	BAR
WHITE	BENEFITS	REFLECTOR
OPINION	ISOTROPIC	ENVELOPE

Puzzle # 52

```
T Z E B T M Y S X W Q S E L W Q P Y O D R N R
V V L N R L P P B Y I E W A V E L E N G T H S
E S F X A D G A L O S I C P N O T I R T X F I
S H P W E Q L C U A E R H J S E M V E H T P T
N T U M H K O E Y N C O A R I L Y S P E C W X
O Y N M R M B W G Z E T R N N B R P A R E A I
I U K Y A U U E E B E A O S S A O I L M F E S
T D F U L S L A L Z R V N N T T T N K O F K S
A Q K N O S A T L S G R Y O R O S N D N E I O
Z C T Z S V R H D H T E Z S U N I I J U R W R
I F W B T S C E N X N S T O M A H N S C E D V
L B M S V O L R U J E B Q B E U V G B L L Y F
I V U B T W U O B Z I O E J N Q L O L E P Q N
V D S N U I S A O V C L A I T R A P N A P R Z
I U H G B H T E E T N L N M S X K Q W R O E D
C M E S S I E R F M A H U M A N X P I N D J P
W I W H P I R U F G G B T M V E L A C S T V Z
Y D Z O F W W I Q D N Y C R H Y R F Z H X W F
```

SPINNING	THERMONUCLEAR	HUMAN
SOLARHEART	CIVILIZATIONS	SCALE
ALOS	CHARON	OBSERVATORIES
INSTRUMENTS	DUST	PARTIAL
TOOLS	NOTABLE	BOSONS
DOPPLEREFFECT	WAVELENGTHS	HISTORY
TRITON	NOVA	ANCIENTGREECE
SPACEWEATHER	MESSIER	GLOBULARCLUSTER

Puzzle # 53

```
R R D K U K S Y K S T H G I N O N E S I G H T
R J S C P Y J K K A C L O U D S R L Z Y Y E H
H E O T H V U Q U S T N E M N G I L A N B C Y
H W C T L Y A W E T A G S S E L D N U O B B Y
Z T E U V V M H N U C L E O S Y N T H E S I S
W T O R A N N I Y X A K J Z W A P W T X P N H
M C D P R Z X A Z L M M R G W H D C H E D F Y
X N C P I A S G N I V R A C J C Z X G Y Z K L
N I Y N A K Y X O Y X H P D I T R Q K K C O F
Q C M K B X R T N E M E V O M D I P A R X M O
G E S G L M V E P D Y T U E Y R T E M E L E T
H G J Y E P L U C G Z W B I H G V N X W G X M
C I N N O I R O O D I M E N S I O N A L H A C
J A R P T I R L M M D H O R O S C O P E S O W
P N G A V E O G S A R Q U A N T U M F O A M L
A T L Q O E E I A K E J R A D I O W A V E S P
P O S Q G R H W T H H O Y F S E R U T L U C Q
V D N O C E S I L L I M E Y T I N I F N I O E
```

GEOLOGY	TETHYS	CULTURES
CARVINGS	COMSAT	DIMENSIONAL
MILLISECOND	GATEWAY	CLOUDS
VARIABLE	NIGHTSKY	HOROSCOPES
RAPIDMOVEMENT	RADIOWAVES	QUANTUMFOAM
BOUNDLESS	ICEGIANT	ALIGNMENTS
VOLATILE	TELEMETRY	ONESIGHT
ORION	NUCLEOSYNTHESIS	INFINITY

Puzzle # 54

```
T K G A S G W R A L U B O L G H C A L O S S Z
W U S R M R O L Y B H K Z H C O P E K N A L P
C X E L X F D E C S N O I T A R B I V I J N X
S C I M U V A X O B J T S E L L A M S L Y D X
G W T Q W W H T M Z U F V I N R U R C R T V E
Y X I O U H S R P U I W L O O P L R I H W R Q
C M R D D N R A R S G G O U T E R O B F T N E
S O A G E K A T E R D T K S R A T S P R P T F
Z S L L B J N E H C G N I N N U T S A O Y D D
P S U O W K U R E O H Y R W K E T C Y L T T W
G C G W J Q L R N R S X F E M X K J X N I A E
X M N I N C O E S J E O Z S H I U W J F C X Z
L V I N V U P S I F W I V G N T S X K G O J G
Y A S G Q U T T V Y R M R G M O U N T S L G W
B E W N I M I R E H N A B R G B B B O O C E I
I R T Q S D C I F T T E T F A P H F S M V S P
Z S A Z I Y S A G Q A X G D F B X R O C K S M
N M T J V Y Q L E M G R A N U L E S Y Z D U P
```

STARS	SMALLEST	GAS
SOUTHERN	GLOBULAR	TRACKING
OPTICS	BARRIER	EXTRATERRESTRIAL
STUNNING	COMPREHENSIVE	LUNARSHADOW
SINGULARITIES	ALOS	VIBRATIONS
BEAM	GRANULES	ROCKS
GLOWING	VELOCITY	OUTER
MOUNT	WHIRLPOOL	PLANKEPOCH

Puzzle # 55

```
O H R F U T I C T M R P G N I R O T I N O M K
D H E A S N Z I S U O W C O W G R D N V R U Z
E U T B W N N M U J I R E N D L E S S L Y Z Y
B R R L K I W S D L R W E E C N E U L F N I D
L E F P J G C O L Q E J B P R I M I T I V E X
A G V O Y H I C P O T S Y B P O N U Q F H M J
O I I B C T L O S R N R K S J I N Y X M C O J
I O D L S H E R K N I P S E H P D B J A K Z M
T N E I I Y Y C C C N Z I I X S W G T P G Q F
R S O X N P Y A O B Q U M T N E R A I E I X B
O Z S W I E E M R G N I L I O C L A R B D Y J
O J M H A R Y P P V M N T D E O B Y D K C C I
T F C R E S C E N T O Z U D G D T T P I X I A
J S Y D R P V O B I Q B R O E X R S L E U W C
O T G V X A Y Z T S U D C I M S O C O F S S N
K B H O M C T O V B K C W B M H C A C A D I P
T U T H D E M W A F S H I I C Q Q X J F Z Q C
L Z S S T O V X W L U K Y Q G S D N E G E L N
```

COSMICDUST	REGIONS	CRESCENT
OORT	VIDEOS	BIGDIPPER
HYPERSPACE	ODDITIES	NIGHT
SPIN	DUST	PRIMITIVE
LEGENDS	RADIUS	CATALOG
COILING	ALBEDO	INTERIOR
ROCKS	INFLUENCE	MONITORING
MOTION	MACROCOSMIC	ENDLESSLY

Puzzle # 56

```
G I W U C O S M O L O G Y W S V O T J Q L D S
Y L M S I N H V S E K A U Q H T R A E B P J I
E H A V V I N Y E A M F L U C T U A T I O N S
K J G C X C D V F T E D E Z K Y J U E M I R K
J L N S L R Y A O P S O W S W I F T A A U E Q
S B E T N P B J R W O H O R X Q H Z J V N R J
T E T G T O Q Z X L Z Y N F Q X C T D E E G I
U I O A O L I Z V D O V A M S A L P R T O B Z
D F S U O B S T F R I V N K S Z C V E A C V G
Y R P Q B Q N N U T C L S S F E A T U R E S A
I A H M S N A D X B F L I N A I N O S B O D S
N Q E V E F P J K Z I O B A R L O W L E N S E
G I R K R P S R M I P R Q V S E R U T L U C S
J F E E V J H J D E D M T C O S M I C C O D E
E G V P E G O E I I O C T S R E S Y E G P C U
D X M U R C T A N G A Z A K I V N U C L E U S
E C A F R U S N A I T R A M X D R G I T N B H
D R Y N L I G H T C O L L E C T O R U T D C B
```

COSMOLOGY	PLASMA	EARTHQUAKES
RADII	SNAPSHOTS	LIGHTCOLLECTOR
MESOZOIC	COSMICCODE	EARTH
SWIFT	GEYSERS	CULTURES
CASSIOPEIA	BARLOWLENS	OBSERVER
FLUCTUATIONS	MAGNETOSPHERE	FEATURES
DISTRIBUTIONS	STUDYING	DOBSONIAN
GASES	MARTIANSURFACE	NUCLEUS

Puzzle # 57

```
P S T O B S E Q U E N C E G I M A E R T S S P
G Q X L E F H I D D E N L U J M S M A E R T S
B F I S P A C E T I M E G O U Q L Y Y Z J J D
Z J H R G V I L Y Q E G L K R M E R O C S C A
J Q M O M E N T S S O L A R F L A R E S B V G
M E L T K L T U J T P P X G T M V Y U N N B D
P E O Z C A E K Z Y G W H Z Z S C D C B U M N
S L N B Q N R O R E I T N O R F L A N I F W O
E J G U F D F Q E R U I M W T P Y G C N N C I
C K P L W E E R H E A D X P Y O N R J A S D H
N Z E G C R R K R P T Q P X U A G U G R L N N
E D R E D S O D O X A G J E A E U R K Y Y Z L
U S I Y V Z M Q L E N A C I R R U H A A M T E
Q J O N M X E F O O Q P R J C A U J N P M R W
E X D V B Q T E C U R E E V Y H V N A J H Y U
S J R E G N E S S E M L A I T S E L E C O S I
E P J F S O R W L I A T E D Q I K J H T C R S
O E S U N I T Y V T A S R H W W B L L S C D N
```

CELESTIAL	MESSENGER	RHEA
MOMENTS	BINARY	SEQUENCES
LONG-PERIOD	SOLARFLARES	LANDERS
HURRICANE	HIDDEN	PHOTOGRAPHS
SPACE-TIME	DETAIL	AREA
STREAM	CORE	COLOR
STREAMS	BULGE	UNITY
FINALFRONTIER	INTERFEROMETER	SEQUENCE

Puzzle # 58

```
M Y K P D J S E E S R E V I N U N E P O O V R
A I W W K D O B S O N I A N E Q P D I R Z F E
R S M I J O P T W S O W W Z D A O D Q X J T D
T O J N U B U W F R C M X K B P I H S R A T S
I L I D M P Y G K E O I I O P R G J U W G V H
A A W S H P R H T S S T G L D H V Z X X K Q I
N R D T C F R O B Y M H E Y S A S S V Z Q Z F
S H Z O N O M M G E O R Y P P U R C I O F H T
U E D R H N O E K G L S E V A W X A A C G O S
R A E M R D T T T P O I X Y P X T Q P H V L I
F R Q S I L I E B N G G N I N A W H D N J A V
A T Z P V S O O K F Y H X Z O T M E T R I C S
C K O J X E N R N I G B Y T E C O D E E S W W
E L M K U R P I Z A L G O R I T H M R H W E T
E T L Y O A Z T L U R X P M M T I O A U B O L
C L D C U L V E L Q Z F F Z O O C A N L A Z U
Z P F P T F T S G D A S T R O N O M E R E K Z
N L W T N A I G E C I S E I P O R T O S I N A
```

COSMOLOGY	GEYSERS	ASTRONOMER
DOBSONIAN	FLARES	METEORITES
ALGORITHM	MARTIANSURFACE	CORE
SOLARHEART	BYTECODE	METRICS
WINDSTORMS	WAVES	TWINPARADOX
DOPPLER	ICEGIANT	ANISOTROPIES
STARSHIP	DIPOLE	WANING
REDSHIFTS	OPENUNIVERSE	MOTION

Puzzle # 59

```
I U M B S R D I M E N S I O N S I A U C Z P B
N W S E N O L C Y C J V B D H E S M E E N S E
T N F R S B R L A I M S Q S E D U G B N R E V
E V E X T V V F Z X S D N T Z W T I B R O T I
R V J R O O M G F Z V N A A Q K Q N I C Q I T
P D L R R G A Z U P R A P R J N S E G I S R A
R I G U I I E M L E O L M P D C Y I Q R L D I
E O C S E R E O L P C H T A E E C O D F A N D
T M M Z S G G A M D K G I T S Q D N R S R O A
A O Y E S S Y D O G S I H H S M U V S X U H R
T E A M B O M X O X Y H E W E Z R A P O T C F
I S H A P E S S N M O W E A C R L N T Y A G C
O U V E L O C I T Y E N H Y O G N A L I N D K
N W L O S T B T W A I R B B B R D X A B J O H V
P R A C T I C A L G E R C U P O Z L W R L N U
I Y X Y R T A L N L T N O U H Y Y S O E Q K S
Y R L P Y G G Q E Q Z B H A H R S L G L X C D K
J W O Q P T O F T W K G F G N Y D W J Y R A D
```

ORBIT	INTERPRETATION	NATURAL
CHONDRITES	DIMENSIONS	HOURGLASS
ENGINE	STARPATHWAY	MERCURY
FULLMOON	SHAPES	VELOCITY
EQUATIONS	ODYSSEY	PROCESSED
RADIATIVE	CYCLONES	HIGHLANDS
ROCKS	STORIES	DISK
ENIGMA	PRACTICAL	LOST

Puzzle # 60

```
B K L M U W R M V L A G A B D V Z E S L X D Q
T B M Y D O O E L J G U D F E U C L I D D Y R
N G A Y G Y F L Z A J T Z P F Y U R K I Y E O
X H H P X U H D I F F E R E N T I A T I O N A
Q T F A R C E C A P S E I R E T S Y M W F E A
X R C E V O L U T I O N R N C G M D O O O R T
G E O L O G I S T E K E V E R L A S T I N G M
T B V J N T Q T Z I T I M A G E R Y R Q B Y L
E V Z B L I S T E R K E N V I R O N M E N T S
N A N Z R S O W C E H C L M E T E O R O I D S
L R J C A W D D T L Q C D P G X I I A W B U I
T I D D L R L A V A T N E M E V O M D I P A R
A A X M U A M S E T U B I R T T A S Z G J L N
L T I O B Y R U N X S T I I K X S U E F O C H
E I G I O C H J O U R N E Y G L Z Q C R G M J
S O T R L C Y J J R A D I O W A V E S Q O F I
D N B P G U V G Z P A R T I C L E S T G G C K
E S C F E F H S F V X O B S E R V E U M G Z P
```

JOURNEY	LAVA	DIFFERENTIATION
OBSERVE	VARIATIONS	RADIO-WAVES
RAPIDMOVEMENT	EVOLUTION	ENERGY
PARTICLES	OORT	GLOBULAR
CORES	ATTRIBUTES	EUCLID
BLISTER	IMAGERY	SPACECRAFT
METEOROIDS	MYSTERIES	ENVIRONMENTS
TALES	GEOLOGIST	EVERLASTING

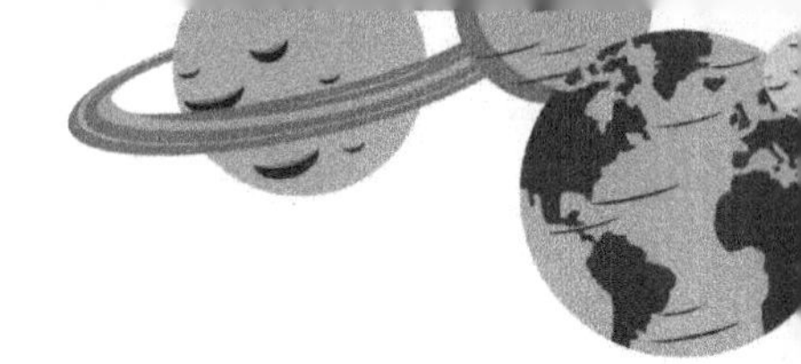

Puzzle # 61

```
S W U U L W Y E W A Y C H N M L E Z W W Z C E
Q H L Y T C R X K X J C I R T N E C O I L E H
L I I P I V G O N I E T A G R A T S F Z U K S
L R H P D C X P R O U H B W A X M E U Y G W P
S L B H J E N L N M O B S E R V A T O R Y M E
U P T O R F Q A E E F Q U X C O Q X N J A B C
R O H B J J N N L T R E H T A E W E C A P S T
F O L O C D C E B R H H I X L F Y U H R J F R
A L M S E E C T K I C C N O I G E R E V X O A
C U X K L X W Z B C V E Z A I O B P A X J L G
E A N A Q J S C S P E C T R A L W S V Z L U N
S P D V D H Y K N U R S E R I E S M E J O P I
F U O D E X J M X K K T U Q A R K A N O N E K
S B Q C F I G N U R P S Z T R E H L S O G W W
U O Y B K Y L N G P U N I Q U E R L T J N L A
A A Z C S N O I T A Z I L I V I C E G Y Y H H
F E F F E C T S N Y D E O C X U G S J Q R I I
K L N L W N F Y H G H X C S E R U T C U R T S
```

HELIOCENTRIC	AXIOMETRIC	PHOBOS
UNIQUE	SPECTRAL	NURSERIES
SPACEWEATHER	WHIRLPOOL	SURFACES
EXOPLANET	STRUCTURES	LONG
CIVILIZATIONS	HEAVENS	STARGATE
HAWKING	SMALLEST	EFFECTS
ENCELADUS	REGION	SPECTRA
OBSERVATORY	UNVEILING	HERTZSPRUNG

Puzzle # 62

```
E A R A Z Q Y N I E Z X G J K I S U K J S V C
S T P O E M U I N I E T S N I E P O U B K G C
H E R W M G L U Y W D E T A I L A B D Y G E K
A N T V B Z T Y R A T E N A L P C E L T N O G
C A M E L P L N X O L C Z M L C E Y L I E S O
N L M L E B H B S N O I M R E F S O Z C X T M
M P A N M S O L A R S T O R M S H N R I E A Y
S T R B A H S D E V E N T S A I I D R L P T F
Q N T T T L I G H T S H O W S T P B H L E I M
L A I L I A V S C U L P T O R G R L M A F O K
X I A E C M H F Z S U J Z W A S A U T T H N C
D G N M S Y T H G I L E D H U H D E O E T A V
L B A S T R O M E T R Y A E U Q I N U M Q R I
S F W W V Z N B M Q O N W K U K A D T R R Y E
N E U T R I N O S U Y S T N X Q T P Q E T L T
Y R D A G R E V T Y H O B A I U I X X V T I S
S J W R Q Z S E Y G F J U P S S O V T E J N T
Y X S W K Q R S E D S S W K T B N O V F M K H
```

NEPTUNE	MARTIAN	UNIQUE
METALLICITY	DELIGHT	SCULPTOR
SPACESHIP	FERMIONS	SOLARSTORMS
GIANTPLANET	EVENTS	NEUTRINOS
OUTER	GEOSTATIONARY	ASTROMETRY
EINSTEINIUM	SOIL	PLANETARY
LIGHTSHOWS	EMBLEMATICS	DETAIL
BEYONDBLUE	RADIATION	FEVER

Puzzle # 63

```
Y D L E I F C I T E N G A M G P T C X T M I Q
Y E N G P T O U Q Z G E A G N U I N M S K W
Q N S D Z G M Z F U R C I E Z M Z R E K R O E
O E O E P U E Z H X W I U F S K A K M B A H J
J D I P R M T Z X N A Q U O C M R Z P V T W Z
I D L P Z H S X P X I J C F M D B P E K S F G
M I R P H O L T B N F O K C O L L A D I T R Q
P H P G A X E V U G R W P O C E L W C Z S L M
A T S A I G I W W C Y V K G N I K W A H E A W
C F Z L K I R H I C X K I Q Y I P Z N Z T C G
T L B A A Y A M T R A V E R S A B L E I H I E
S D O C D A R K S P O T S D N A B W K U G T J
U S T T Q A Q G M H H P B N O M U I D E I C S
U H P I K X V L N A H L S U R F A C E S R A H
T L S C B L I S T E R O C B I N Y P Y Z B R X
T U E U Y T E T H E R T L W K K A J D Q N P T
K V X E M Q Z F N V J S K K K H K N F T X O V G
C W A R Q H O R I Z O N T A L X G K H B P I D
```

COMETS	SOIL	HORIZONTAL
TIDALLOCK	UNIQUE	PLOTS
PRACTICAL	TRAVERSABLE	SURFACES
BANDS	MAGNETICFIELD	IMPACT
HIDDEN	SYNCOM	GALACTIC
MICROCOSMIC	IRON	ICE
DARKSPOT	ARIEL	BRIGHTESTSTARS
TETHER	HAWKING	BLISTER

Puzzle # 64

```
C R U M H T P Q Y P A L D A M E K S Z X E S B
B I N A R Y E V Z B S A T E L L I T E Y D G R
O H V C R E T S A O C C I M S O C E H V L E E
G 0 R E N I R A M Q U G A R M S P E H A F O H
M X U F X J P S P A C E S U I T K S Y K Q S T
P Q E H R R N K N O O M L L U F N H E J Z Y A
S Q N S D C F R O O T D Q M E O D X Q Y G N E
S F G W F V P I C O B T A W S V N E D M S C W
N U I G J S A T A D K V X I M A U N N E E H P
T I N X A C I D R U W T R L X N T D C C P R M
N S E C A F R U S U A A S D I N O E L H Y O S
H O E U Z A A K W I P R W Z U B H J P A T N O
P B R M Z R Y E L M C H O N D R I T E N E O T
I R I E P G N S O G P X B E E F V M M I H U F
X R N B T R Z C V E W A R P I N G O Y S C S F
O B G A U U B N A V I G A T I O N A L M R J P
F S J U P E R P J X Z S N O I T U L O S A C F
J T C O G C A N W N U E X P L O R A T I O N N
```

EXPLORATION	MARINERO	WEATHER
LEONIDS	BINARY	NAVIGATIONAL
COSMICCOASTER	WARPING	SURFACES
COMPARISONS	FULLMOON	SOLUTIONS
ARCHETYPES	SPACESUIT	NORETURN
CHONDRITE	DATA	ACID
TAILS	ARMS	MECHANISMS
ENGINEERING	SATELLITE	GEOSYNCHRONOUS

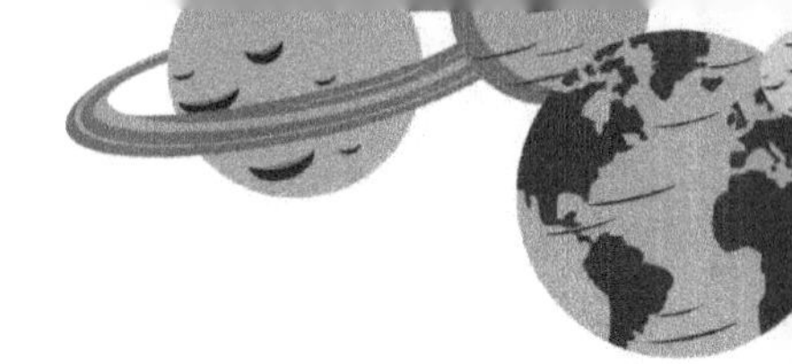

Puzzle # 65

```
M B I H S O W C O M P R E H E N S I O N G D U
Q P E T D N K H M L H B V B J O L L M U S A N
C H L H L F A M E M O R I E S G N I G A M I W
T I E H P S T N E I S N A R T W X V A T Y K T
E G C I K A T V O U N L A T I T U D E L F S R
K H T R T W T C G S C C O D H N D S N O H R A
P E R A L O S O E O P M A B D Y P O O V H C B
Y N O Y M C W S N F N A L B N A O U I Q S Y F
V E S E C N D F A E F U C D E C L Y T T S Y W
T R T X L O R Q H T C E Y E Y O E U A U E A D
Q G A H U I G N I W O L G C Q F S Z N R K A W
P Y T I S T H N P X T C L W H U U L I P G H Y
T E I B T A E O F C A E X D I O I S L L M S U
P F C I E T L Y O P S U H P G G D U C I Y Z P
T A Z T R S I I I W N C K L H B A C N Z O J D
S H Y I S D U L B H I H C T V B R O I Q N Q E
Y F G N D L M D D I P F D P P K D F D Y Z G R
O I H G F N X I M Y S D H R J L F N W T L Y Z
```

SOLAR	SPIN	IMAGING
CLUSTERS	COMPREHENSION	EXHIBITING
STATION	ELECTROSTATIC	HELIUM
CYCLES	GLOWING	MEMORIES
SOUYUZ	LATITUDE	FOCUS
CENOTAPH	POLES	EFFECTS
SUNLIGHT	HIGH-ENERGY	RADIUS
NANOSPACE	TRANSIENTS	INCLINATION

Puzzle # 66

```
P S P A C E F A R I N G E Y S A V M X D Y R X
B K V L I G H T N I N G U C W Q A S F D Q E E
F Y M E G D E Q H F L T H O H S Z J P E R M L
K J Z Z G F G N F J O Y E B L O O D M O O N J
X A N A L Y S I S V C P U A F V I K S E U A O
O I D L S N N Q R N A E L C D D M A C W A N U
S D E G G D H E Z S L F B T U V S A L E J T M
J I S O E R V P D D G S V J O S F D J F W S W
Z S N R A Z L L A I R T S E R R E T A R T X E
C C E R R P A F T B O J S E U Q I N H C E T V
N O D O I W A U E M U E Q S V A R I A B L E S
U V N I N P V T F G P X N Q Z L V L A B K D P
Y E O V G W M F H X R A L U G E R R I J E E I
I R C A Y T G H P V I B E B N N O Q B E M Q T
B Y U H C O P H O T O G R A P H S J P I H A H
K Y Y E X S H G R G L G X L Z P B S T E K R J
M N V B Y X F A T D D G T Z Q T Y W R X D L U
H G D K D F M T S C I M A N Y D O R E A M T Y
```

EXTRATERRESTRIAL	BEHAVIOR	BLUEHUE
IRREGULAR	PHOTOGRAPHS	TIME
AERODYNAMICS	GEARING	SPACEFARING
SPEEDS	DISCOVERY	REMNANTS
PATH	TYPE	FINDER
LOCALGROUP	ANALYSIS	LIGHTNING
BLOODMOON	CONDENSED	VARIABLE
TECHNIQUES	MARTIANSURFACE	GLAZE

Puzzle # 67

```
T T Q I D T N N I V U M R P Y X S U O U C U M
N F O M J O S B C O I K L A W E C A P S L P F
S O S O T U E H Y X D C S W G G E U T X D V I
K K V O F L N Q K G N D O E D A R G O R T E R
B Z H N C E U F J E I G Z M M O O N G L O W B
S P G S C L D X H O L Y W S B E O S H S M R F
H F F Y X B T E R A G S E X V U U H N S U W D
O T B S A U A E P N X I Y I C A S O F E Z M K
R G P T C V T C O B G J T M E T W T M G Y H H
E L G E Y S E T D O Y A P T B Q B H I D E U N
S N C M A C Y U L C V Q A A Y O O I S I T Q U
F Z T M N K W O D O C L S M E G L D S R Z Q Q
I L D E C U N P N A P O L C P Q G S I Y J T C
N C I I S H P N X O T W I S R I B B O N S U A
X C R Q C D I A J Q C A F Q V F Q N N N Q W T Q
S D J E T C T A X I O N S T A R P A T H W A Y
B Q T X A K M E T A L L I C I T Y W G U C U O
S L O O T O K Z M F P T Q X W G D B C G S D R
```

ASTEROIDS	SPACEWALK	METALLICITY
MOONSYSTEM	RETROGRADE	STARPATHWAY
HEAVY	RIBBONS	MISSION
DATA	INNOVATIVE	TOOLS
ICY	TECHNOLOGIES	AXION
SHORES	MOONGLOW	RIDGES
PLATEAUS	PHOTON	SYMBOLS
SCIENCE	DUNES	COMBUST

Puzzle # 68

```
G O K X X W O C T Z G C O S M I C D U S T V R
V D C F O U N D A T I O N S C R L Z H V I O L
P L O T S U P Y A R X G A S C L O U D Q N K Y
V N V F S O E B L E B O R P E C A P S L T I U
A I B A D K L D U E W E K S F S W H O B E J C
C N G P S S B L B A Z H X G M P P X L T R R T
U E F L M T A J E U A T O P A W C Y A D A S J
U Y G A N R I R N Y R U W M L N T X M U C J T
M W N N Y E R N P A Z R A M M O K X R U T A V
S B I E R A A P N N W G X I Y Y R R E C I W F
P F N T M K V Q P O L H R C I N Y A H L V S X
I L A A D S U L A T I G I D Y K S T T D E T A
R K W R V I D P L A N I S P H E R E O I K X C
A V O Y L T C E F F E R E L P P O D R Z O P X
L W U I V G Z V J J T E Z J C O L O D A X N V
I E T O J V U T U T A N K H A M U N Y J J E R
N Y I L C N O O M D O O L B C S P C H R X Q L
G I K T A W K M W O R M H O L E S A W M O V R
```

COSMICDUST	BLOODMOON	STREAKS
VARIABLE	TRANQUILITY	USAGE
TUTANKHAMUN	INTERACTIVE	VACUUMS
PLANETARY	NEBULA	WORMHOLES
PLOTS	SPACEPROBE	SKYDIGITAL
X-RAY	WANING	HYDROTHERMAL
SPIRALING	PLANISPHERE	FOUNDATIONS
GASCLOUD	EXPLORATION	DOPPLEREFFECT

Puzzle # 69

```
E T I D A L F O R C E S T C T L P J N Y A X Q
Q R B H B X R E M L T I R H J L L M T U I Z K
N E B U L A F X I I U F G A U Q A T E T H Y S
L X H G O L S W T S V I R R T S N T V N V N K
S W L T E K A R M F L R R G O E E Z N I G H T
L Q Z C H H M U G I H Q P E D E T E C T I O N
Z I T J G X I B W N U T Q D Q U A A C B P E W
C O G U Y R M T O X F G R F P R R K T L G T N
R J G H A L D I F N L H N I R C I V P A W N Q
L P V U T T T X N J Z J K J B T U T O C N O I
N W Q D L A G N I L E D O M T R M R M K Y B P
I A R N L L V S G N I D N I F U A K Q S J R L
Z S G U U R E T R O G R A D E X M T W P Z A A
A H M B S W U R S A I O Y L L W U D S A W C I
K I G A Z D Y D O A S K U I S K A A D C K M N
S P T C E O I Z U K M A U T H E N T I E S F S
M F X C L B R R B B P Z B D S Y M B O L I S M
N R D J W K H Y G N X I A K E J U W G F N Q I
```

PLANETARIUM	NIGHT	SYMBOLISM
TIDALFORCES	MODELING	DETECTION
TWILIGHT	BLACKSPACE	LIGHT
RETROGRADE	FINDINGS	GRID
NEBULA	BEAMS	RAKET
AUTHENTIES	PLAINS	CARBON
TETHYS	CHARGED	STARBIRTH
REFLECTOR	AQUARIUMSUIT	SIMULATION

Puzzle # 70

```
N O N N S S R E G N I B R A H W B J Z S S L D
O R J A S T R O G E O L O G I S T J N E C B M
I E C A P S K C A L B S D Y E C K O R D O R E
T D E O E X A W R G H T A G F I T U U N M E S
A I M D C Q S W E N G O R O O O G M E R A C O
T U O H N W T R E U K B K C H I Q Z Q Q A P Z
N G D T E Y E D T C J O S P F V W X Y H I Y O
E O E W I R R X Z D C R U E R E H P S O N O I
S T P S C T O E Q E M E R A J S N A I V A G C
E U O N S E I E Z A D N F K N E A F D X M L V
R A C K V M D V G E E D A J O J F Y N C N X Q
P X S L J O B N L T T E C N F X J S M K T H U
E C E V Z R E K N H R Z E X C J M Z Q U E Z A
R B L Q H T L O Z H D V S T T I O R B I T L N
S S E P I S T M U M D O R U P H E G K Y C O T
G F T S Z A C X M T C U Y B Y H B N E L L D U
I B M N R V S E L F E S U F A N Y O T D N T M
T C S E N I L E M I T R D R M R O F T A L P W
```

ORBIT	DARKSURFACES	SCIENCE
FIGURES	OUTER	AUTOGUIDER
ASTROGEOLOGIST	PHOTONS	IONOSPHERE
ASTEROIDBELT	MAGNETISM	REPRESENTATION
PLATFORM	TELESCOPEDOME	ROBOTS
BLACKSPACE	ANCIENT	HARBINGERS
TIMELINES	QUANTUM	RENDEZVOUS
MESOZOIC	GAVIANS	ASTROMETRY

Puzzle # 71

```
S M R O T S T S U D Z Q N D N U O R G K C A B
S N U O O E C N I E D O X G R E E N H O U S E
N O E J K K T N A O O X C H B L D B J E N L R
O I R J A R E O B M A E Q G D H W A W J A F S
I T U D Z F C P T U M E T E O R S R S O J K F
T A T A O B S Y A R X R U D G E W R I S J J H
A T A U U K F B D D M K S L M H L I X K W N R
N E N T K G P F F C G D A R K E N E R G Y T B
I R G E T V U E Z H W S E H Z A H R J Y H H B
G P I T O H D Q C U E N S V S I U Z M U A P Z
A R S I A F G O F A Y C V J E C Q O P E Q O D
M E O N Y K P I E K P U L I S R T L P A O N D
I T I I L H V Z S G G S O T H O Y U L C G O L
Y N B F Z M U I L E H Y K S H N L D O Y I O K
T I S N A R T J K P N Q E C Q I T Z A R E N H
X U C I M O T A B U S O I U A P Y J E Y V V D
C O S M I C R A Y S Z D M Y Y L N P J U Y D L
Q Z B X L V A C U U M J P C D Z B B L X S E A
```

METEORS	GREENHOUSE	MOON
VACUUM	PERIOD	SOUYUZ
BLACKSPACE	BARRIER	HELIUM
SEAS	COSMICRAYS	BACKGROUND
X-RAYS	BIOSIGNATURE	ONESIGHT
TRANSIT	INTERPRETATION	DUSTSTORMS
DARKENERGY	EVERYDAY	IMAGINATIONS
INFINITE	SUBATOMIC	DICHOTOMY

Puzzle # 72

```
F I D X N E D S G K Y R S Q H N V W S X I W W
J N F I H P A S S A G E S S G A S S E S W C N
P F O N G U M D Q T A X P H M G P R O C E S S
U I P O M N B S X H C T E T A F L W L F P S E
U N E I V A D I U G E R R F H X M L V D X O I
L I N T R X E D X I N E V G Y L O K C C J L V
N T K A W W L W Y R T M K L P Y M I V V I A Y
K Y J R B K Q P E B E E H Z E H E S O K I R T
O P P O S I T I O N R J T B R Y N Y E U E I A
P K G L Y V A P O R S Y Z Y S V T I B V M N W
B J S P L U A M G I N E R F P K S P O D X F M
C P Q X B F H W W D P J M Z A J R C B F H L B
L E K E C I F I T N E I C S C M S X E M R U A
B Q S M I N E R A L S E G Y E I J L L L M E U
J H X R S O L E I G S X S B D D M Y T J D N T
K O D Z A B E R S Q F F X A N P H X J I X C Y
I O F Z D P I O A S T R O N O M Y B U A Z E H
S B G F I W O X T O D A U W F M R E M O T E V
```

EXPLORATION	PROCESS	SOLARINFLUENCE
BAR	CENTERS	ENIGMA
OPPOSITION	PASSAGES	DISCOVERY
BELT	MOMENTS	ASTRONOMY
FATE	REMOTE	PARSEC
VAPOR	SCIENTIFIC	BRIGHT
EXTREME	OPEN	MINERALS
GASSES	HYPERSPACE	INFINITY

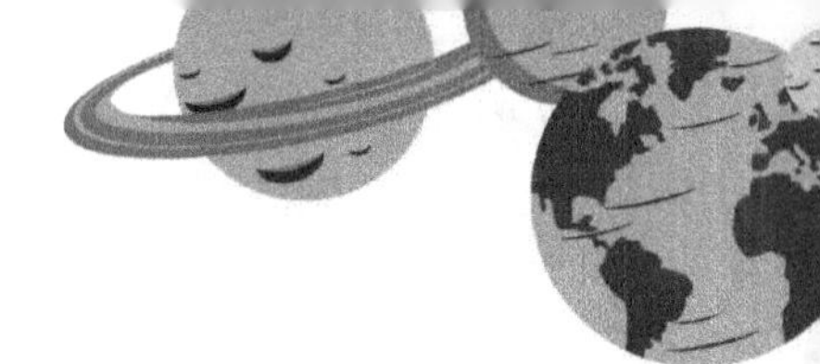

Puzzle # 73

```
O O B E F U C S B I O F A B R I C A T I O N S
Z Y A C Y V C T Q S C O M P R E H E N S I O N
V E G L Q I L E J O C P N T A F T K E E G D C
G G L I Y C X J Z U G G I Y S U C T Z U E N S
U C S P Z B H E P N J O U V R R Z K A P S H I
N L M S C V H P B D G C A L J A S J Z R N H N
K Q X E L U N A R S H A D O W I E C S P I R G
M M Y L H T R A E N U G A U C R N O U D G E U
N Q C H Z W R M G Y M I D K E V I N O Z I A L
W I H R Q D Y G O L O E G W P L H S N E I S A
U M I C R O C H I P S J B L H L S T O C W E R
E E C W J G A R C H E T Y P E S H E R N Q O I
B V Z O Q P L Y K Z V G O C I R T L H U H N T
T S I U R V S U N A R U V Y D V R L C O A A Y
Z O L T O O O X O D F N B M S Y A A N B O C L
I G T A C F N T J N H Q H P W G E T Y G D L B
I Q Q A A A G A A I S Q Q L C R V E S I E O L
T U Q O L F Y E V I T C A R E T N I M B U V P
```

SINGULARITY	CORONA	SYNCHRONOUS
TOTAL	JETS	ECLIPSE
BIGBOUNCE	CONSTELLATE	URANUS
VOLCANOES	ARIEL	LUNARSHADOW
ACTIVE	MICROCHIPS	BIOFABRICATIONS
GLUONS	GEOLOGY	EARTHSHINE
SOUNDS	ARCHETYPES	COMPREHENSION
UNEARTHLY	INTERACTIVE	CEPHEIDS

Puzzle # 74

ORBITS	RESEARCH	SPIN
TIMELINES	STUDYING	TRAJECTORY
GLUONS	EXO-MOON	SOLARWIND
IRON	PERSEIDS	SPATIAL
SCENES	EYEPIECE	REGRESSION
SIGNALS	SOLARSTORMS	BANDS
COSMICRAYS	COORDINATES	LIGHTCURVE
TALLEST	ELECTROSTATIC	BOUNDED

PUZZLEWHIZ Themed Word Search Puzzles: Issue 11

Puzzle # 75

```
A N W O X D S O F T W A R E K N L E A Q T N D
F Q N O T N P R C U P R Z F M Z L H W B F O R
Q L X Q W O O T P W A X A H L O E T U Z A Z R
W D I S C O V E R Y R Z A E H T G W X I R I L
E D R K J A S I Z R T Z F K T Z V F U J C R N
B T F H E E S P H D I K C A R G I L T G R O Q
Y L M L U I R R F B C A I O L M J H R Z A H V
H O L O G R A P H M L N E P T U N E F R T T K
K E N E R G Y E P B E R I Z K O F C Y E S N L
S R E G N I B R A H S C P I K Z N L N M O E Y
P Y N C H Y Y T I V A R G R L X T K A G A V B
G E R O J E Q U A N T I Z A T I O N M S E V
M F P R H B M E L O H M R O W H S J O R I V Z
R F W E L O R I D M O V E M E N T S A A B N T
C E F S T E B N T S N O Z I R O H W E N B I G
G N I T S E R E T N I G I E H G I E L V Q B T
S Z Q L A G T A S M O C H F I N D I N G S W B
U T B D P S M N I O R B I T S R C J A K O X F
```

ORBIT	ORBITS	DISCOVERY
INTERESTING	TIME	BLACKHOLE
HOLOGRAPH	STARCRAFT	GRAVITY
ENERGY	NEWHORIZONS	HARBINGERS
CORES	MOVEMENTS	WORMHOLE
LEIGH	NEPTUNE	PARTICLES
FINDINGS	EVENTHORIZON	QUANTIZATION
SOFTWARE	COMSAT	FLAMING

Puzzle # 76

```
E I I N V H S E L Z Z U P L S W O U S P Y C B
S A T L G A D E L Z C Y C H U X J T U T V L D
O S R P B B V O V B Z O O I N N Y W I N I U X
T C K S C I E N C E U C I X P Q A R D X Z S P
H U H H T T Y P T Z K S Z V C O A M A Z A T E
E E R C S A L S P W R M C O A L R S O P A E G
R I A Z E B M F A Y I P U Q U L S T M D T R O
M U B Y I I U V Z E V O G G S E L W O D U S K
O Q D F C L E F L I E M N U L M G E R S G L S
N G T G N I K W A H R I R E M M A N S G I J E
U N L S E T Q X K T S V S C O N S T A N T L Y
C U N T U Y Y Z J E E A C T I S N A R T X J J
L A T A Q D L D A Y E R A L U G N A M W O I R
E B M R E R N S S C P U W F M I U B E A M S R
A N Z S R U N I V E R S E M A P N G I C P J K
R D M H F H J U F N Y U I C B T A H M Q O I B
D W R I Y M Y T N E C S E R C D M G N L T I Q
I E G P J U O I H S A T C E J E Z S Q U Y F U
```

SINGULARITY	THERMONUCLEAR	CRESCENT
CLUSTERS	ACTIVE	STARSHIP
UNIVERSEMAP	ISOTROPIC	FREQUENCIES
RIVERS	EJECTA	SURVEYS
BEAMS	SHOCKWAVE	ANGULAR
TRANSIT	HABITABILITY	VALLES
SCIENCE	PUZZLES	CONSTANTLY
LUNAMODULE	HAWKING	CEASELESS

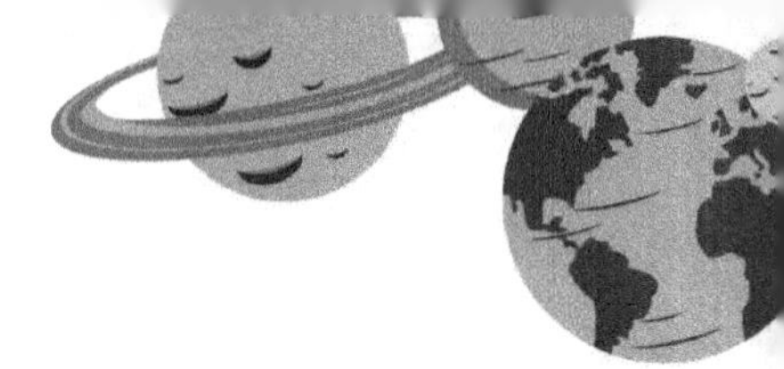

Puzzle # 77

```
A S N G I R G H V I X W C A R G X I T C S D G
G M U U S I W M E T A H I S T O R I C A L E R
G W M E E V H M V Y H T O O M S M N A K S Y B
I C Y A X E M X N R U T A S M S I A P L L L C
J O A W G R R D A O L Y A P Y G C V O L A L T
M M W Q K S C D C A S X T E F L Y I W S I A S
Q E Y U J O P E N U N I V E R S E G U W R N I
K T K H S G A S P X Z R M Y E X J A E A E O K
Z S L Y F U L F O O U J Z D M S E T Y Q T I H
F E I R X D G D K S O F B F Z M O I H C A T T
W R M I S G N I R A E G R P O U I O Q T M A V
X U S S N O I T C A R F F I D U L N K V T V O
I T W D S R H W E W O Q P J Z C P S Z B R R X
K A Q I V F R E M O N O R T S A Y I S Q A E J
G M K R K F R D U G R R R O L V L M A E M S W
C R Z G Y Y R D W L U N A R P O W E R V S B V
A A T Z I L I A T E D J E B H B L T Q X M O U
R A L U N N A D H Y H M M S E L O H M R O W Y
```

VACUUMS	SMOOTH	COMET
SURVEYS	META-HISTORICAL	DETAIL
OPENUNIVERSE	SMARTMATERIALS	GAMMA
RIVERS	GAS	WORMHOLES
OBSERVATIONALLY	ASTRONOMER	DIFFRACTION
GEARING	SATURN	ANNULAR
MILKYWAY	ARMATURES	GRIDS
LUNARPOWER	PAYLOAD	NAVIGATIONSIM

Puzzle # 78

```
F L O A T I N G Q H R J V T S K S O G H O J W
C B G J H N M D S J E O K F F M Y D U I T J F
O J I C D H Y O E L J A W N F F A G B G R K T
W Y R E G D E U V Z J O V C H D R Q G H E O Q
E B Z A N N S Z A X Z K T Y B D X G W E F I E
Y D B K I Y W C W M R O F T H G I L L N Y N U
J Z O A S A E V O X E D U T I T A L E E E U G
I E G G N O I K I S V X O Y S W H C R R S T D
F M F E E D V R D T M N E R N L W A Y G P V B
X A I E S E Z O A S N O I T I S O P W Y E O X
S L P X E T R O R A W P G B M L W W H K D W Q
L G Z H T E Q O O S Q B O E A A Y Z Y I I Z C
V O O I O C D D E P F M X E N N Q R E X X N D
E R R B M T P V P T S U R H T E B S Y J X S G
K I A I E I O N W D O E S O B X S M G Y T T S
R T D T R O O L Z X D A N A L Y T I C A L R T
Y H J S R N J N O I T A G O E N J J S W A S X
V M S G C B J I S A M G I N E I V B P Z K W F
```

SIDEREAL	BODIES	HEAVY
HIGH-ENERGY	REMOTESENSING	LATITUDE
EXHIBITS	COSMOGENESIS	GROOVES
EDGE	DETECTION	ENIGMA
THRUST	NEOGATION	RADIOWAVES
HAWKING	VIEWS	ANALYTICAL
X-RAYS	ALGORITHM	FLOATING
LIGHTFORM	SEYFERT	POSITIONS

Puzzle # 79

```
Y V X K V E E V H L S N D J U Y T F J F F X T
I C A Q N D Q A I I I N C L I N A T I O N U G
Q Y H I I R W I N B E K N L O M S C I S Y H P
F X G X L K D T N O I T A C I F I S S A L C G
F N O T I H R E N D E Z V O U S E L P C M A W
E I K N C I Q O D X F H C A P S V L U F L R L
D W G P C U V T S S W W Y Z P U Y W P A J X F
L D E A R E G A Y O V B G X H P R N X I N A M
P A T M O U N T A I N S O I O E J I O E R H Q
R E C J A C V O Z H Q C L R T J E U R D E T E
E D L I G H T C U R V E O I O S X F U L I R N
C S H B N U J O I M O I H N S P F P U U O C T
E I G W N A Y F F X V W T J P A H E J V Z R I
S S B A E F H K Z E O I A W H F L B T O I O T
S J W O V P D C T B V X P N E S Y I E M H E I
I D T G A Y C S E N C W X I R K L X J L R J E
O I B L Y I V G V M Y Q F D E T S S B R T H S
N E C U R I O S I T Y E R E H P S O M T A S S
```

ATMOSPHERE	TILT	DIOXIDE
GALAXIES	LIGHTCURVE	EVA
PRECESSION	PATHOLOGY	BELTS
MOUNTAINS	VOYAGER	ENTITIES
RENDEZVOUS	PHYSICS	MECHANICAL
INCLINATION	PHOTOSPHERE	CURIOSITY
SYNODIC	CLASSIFICATION	ENGINE
TRIPLEFOLD	HAWKING	INTRICATE

Puzzle # 80

```
L F Q G V V E E G I R E P T R T S U I E L F D
E V I S S A M R E P U S J X A I N O R T U E N
V H N A S T R O B I O L O G Y L A E L M K K D
W R C T R F E R U P C A O D N A P M I U X O I
J U P I T E R D R Y I P K Y T Q V I L C J O W
D F L U Z Z R C K S G O H E Z K K Z S M N W V
D I O R E T S A T S Z G E K G N I K W A H A G
H K B Z H R F R P Q W E J A A G N I K C A R T
X A R I A N E S P A C E O Q A P O W E R F U L
G S A G Y A J F V Q Y M S E D B A N S P Q D L
N D P C M O I O B Y I N S T R U M E N T S I S
T R R E L A T I O N S H I P S O I D A R B O I
O E U R S E I C N E U Q E R F T M J A R I B W
T D Q T S T U N I Q U E X M S H Z M A E Z A X
A C C Y E E T I L L E T A S R P U T D X Y J E
L O M K P R Q E X O P L A N E T I M K N U A N
W J R W V U O Y F K I D U Q J O L I S G S F S
I O J Z I S J N Z U L P L A N I S P H E R E G
```

FREQUENCIES	JUPITER	POWERFUL
PERIGEE	UNIQUE	PLANISPHERE
ARIANESPACE	HAWKING	NEUTRON
INSTRUMENTS	EXOPLANET	RELATIONSHIPS
ASTEROID	SUPERMASSIVE	NORETURN
STREAM	RADIO	ANCIENT
APOGEE	ASTROBIOLOGY	TOTAL
TRACKING	SATELLITE	LIBRATION

Puzzle # 1

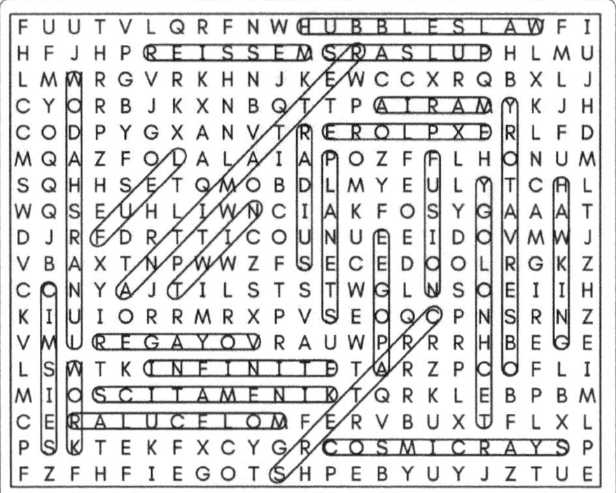

PLANETS	SEISMIC	VOYAGER
LUNARSHADOW	ANTIMATTER	OBSERVATORY
INFINITE	HAWKING	EXPLORE
FUSION	APOGEE	PULSARS
MOLECULAR	TECHNOLOGY	FUEL
MESSIER	CRATERS	TWIN
MARIA	COSMICRAYS	WORK
KINEMATICS	RADIUS	HUBBLE'SLAW

Puzzle # 2

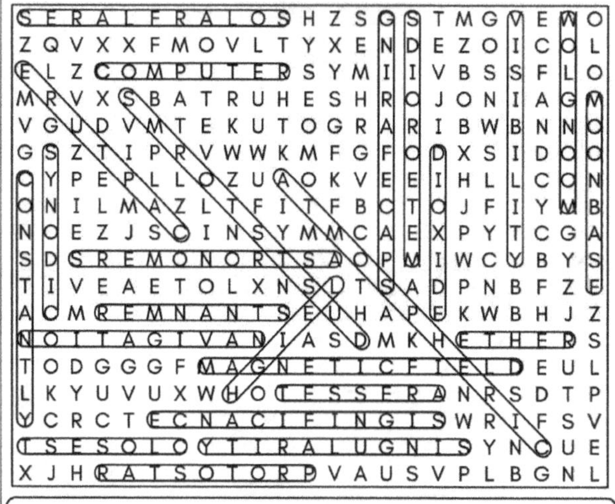

ETHER	CLOSEST	DIOXIDE
SYNODIC	METEOROIDS	MOONGLOW
MOONBASE	COMPUTER	SPACEFARING
TESSERA	ATMOSPHERIC	CAPTURE
SIGNIFICANCE	NAVIGATION	PROTOSTAR
LEIGH	SINGULARITY	DUSTSTORMS
MAGNETICFIELD	REMNANTS	VISIBILITY
CONSTANTLY	ASTRONOMERS	SOLARFLARES

Puzzle # 3

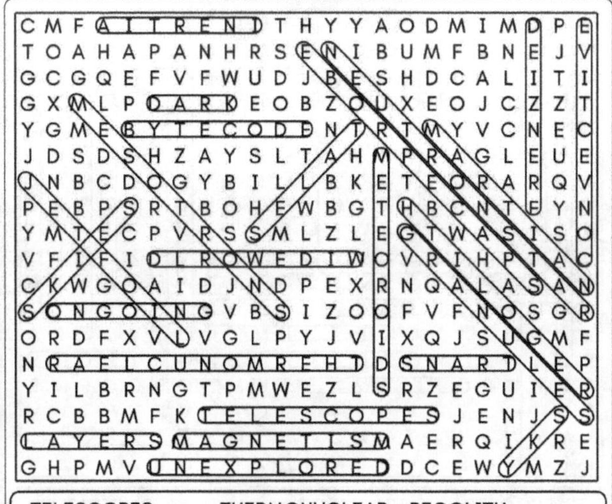

TELESCOPES	THERMONUCLEAR	REGOLITH
SKIES	MAGNETISM	BYTECODE
JETFOIL	MESOTRONS	CONVECTIVE
MARTIAN	ONGOING	TRANS
DARK	SPACEPROBE	WIDEWORLD
INERTIA	GRANULES	LAYERS
METEOROIDS	SKY	TALES
UNEXPLORED	NEUTRONSTAR	FRENZIED

Puzzle # 4

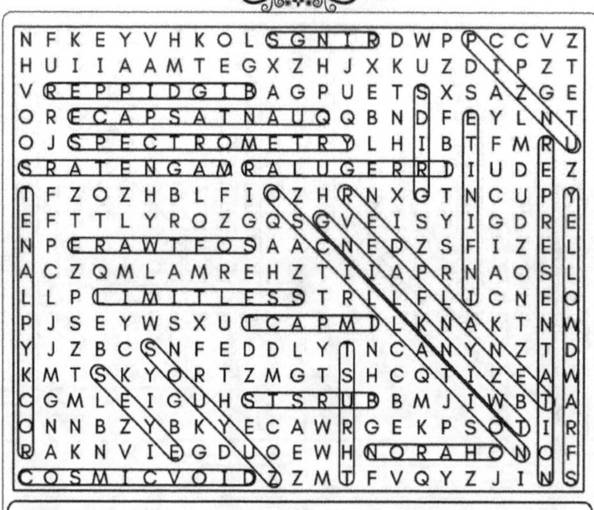

RINGS	IRREGULAR	TWINKLING
EYES	BIGDIPPER	INFINITE
UNZIP	CHARON	REDPLANET
MAGNETARS	YELLOWDWARFS	SPECTROMETRY
SOFTWARE	COSMICVOID	ROCKYPLANET
OSCILLATION	IMPACT	BURSTS
REPRESENTATION	GRIDS	SOUYUZ
THRUST	QUANTASPACE	LIMITLESS

Puzzle # 5

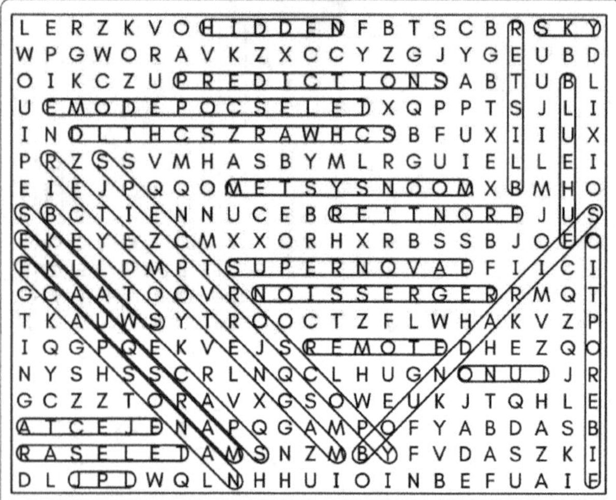

BELTS	MOONSYSTEM	HIDDEN
SPECTROSCOPY	SPACEWALKS	REMOTE
MARSQUAKE	REGRESSION	JUNO
EJECTA	SKY	SUPERNOVAE
MAGNETOMETER	TELESCOPEDOME	TELESAR
SCHWARZSCHILD	BLUEHUE	PREDICTIONS
FRONTIER	BOUNDARIES	FIBEROPTIC
JPL	NANOSPACE	BLISTER

Puzzle # 6

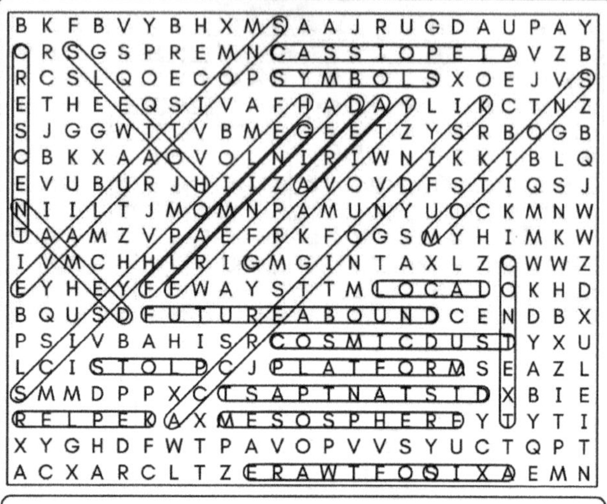

GRAVITY	MESOSPHERE	CRESCENT
LOCAL	DISTANTPAST	SOFTWARE
FUTUREABOUND	AREA	COSMICDUST
MOTIONS	EVALUATIONS	NAMED
PLOTS	PLATFORM	HOTELS
FLAMING	HELIOPHYSICS	AXIS
CONTEXT	SYMBOLS	CASSIOPEIA
KEPLER	ACCRETIONDISK	FRENZIED

Puzzle # 7

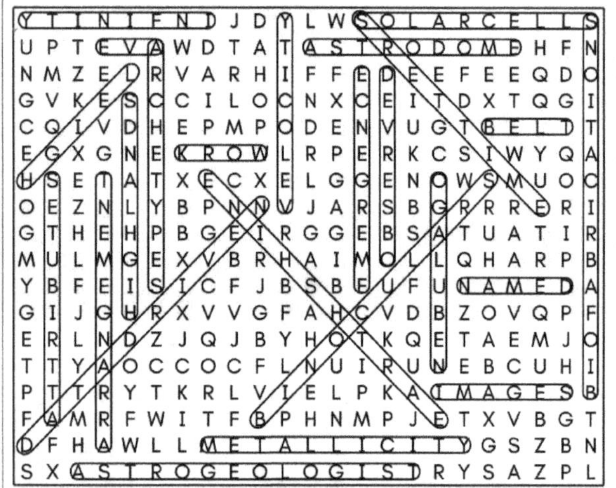

EARTHSHINE	OBSERVED	ARCHETYPES
WORK	ATTRIBUTES	SOLARCELLS
ASTRODOME	EMERGENCE	HIGHLANDS
VELOCITY	NAMED	ARRANGEMENT
NEBULAGO	BIOFABRICATIONS	DATADRIVEN
EMITTERS	BELT	METALLICITY
BINOCULARS	IMAGES	ASTROGEOLOGIST
EVA	LEIGH	INFINITY

Puzzle # 8

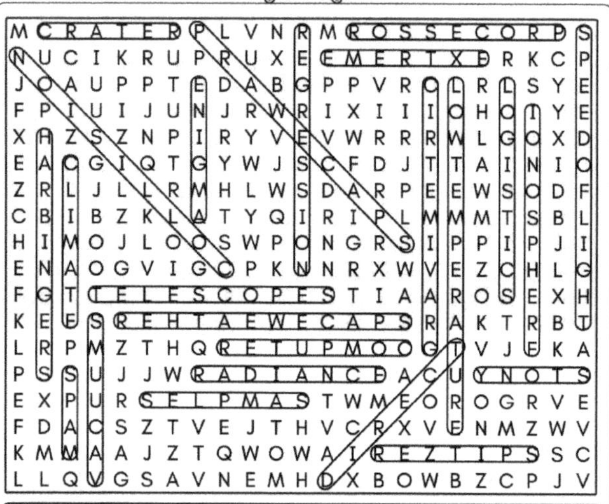

TELESCOPES	RADIANCE	LOWTEMPERATURE
COLLISION	DIRECT	PROCESSOR
SPEEDOFLIGHT	LOGISTICS	VACUUMS
CLIMATE	CRATER	HARBINGERS
MAPS	SPACEWEATHER	COMPUTER
REGRESSION	IONOSPHERE	SAMPLES
STONY	EXTREME	ENIGMA
SPACEWARP	GRAVIMETRIC	SPITZER

Puzzle # 9

FORCES	IRON	MOTIONS
IMAGING	EVERYDAY	REDSHIFT
HOLOGRAPH	SPINOR	PROBES
GASGIANT	EVALUATIONS	ELLIPTICAL
LAND	LIGHTYEAR	ROCKET
DICHOTOMY	EXPLORATION	JUNO
MANY	ASTEROIDBELT	LUMINOUS
TELEMETRY	DEPRESSURIZED	ERUPTING

Puzzle # 10

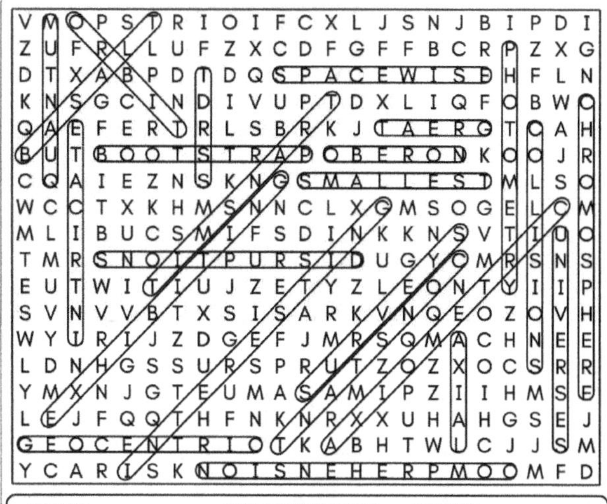

ORBIT	CHROMOSPHERE	GREAT
INTERESTING	SURVEYS	QUANTUM
SPACEWISE	BOOTSTRAP	GEOCENTRIC
SMALLEST	BASALT	DISRUPTIONS
UNIVERSES	COMPREHENSION	EXHIBITING
TRANSMIT	AXIAL	AXIOMETRIC
OBERON	COLLISIONS	PHOTOMETRY
TDRSS	CONSTANT	INTRICATE

Puzzle # 11

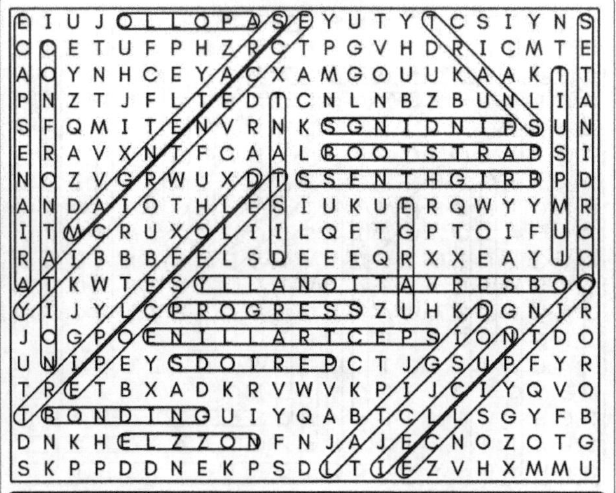

BRIGHTNESS	APOLLO	PROGRESS
MAGNETARS	COORDINATES	ARIANESPACE
JUMPSUIT	BOOTSTRAP	DISTANT
FINDINGS	CONFRONTATION	TELESCOPE
OBSERVATIONALLY	ECLIPTIC	TRIPLEFOLD
SPECTRALLINE	PERIODS	LARGE
TRANS	NUCLEI	BONDING
NOZZLE	DIGITAL	ECCENTRICITY

Puzzle # 12

SOLAR	GALAXIES	STELLARWINDS
NOTABLE	OBSERVATORY	NANOSATELLITE
COMPLEXITY	HOLOGRAPHY	WAXING
ELECTRON	BACKGROUND	ENIGMA
SOFTWARE	RELAYSTATION	LOGATRAPHS
DOPPLERSHIFT	NATURAL	NARRATIVE
PHOTOMETRIC	DETAILS	WHITEDWARFS
PROMINENCE	GAMMARAYS	FRACTIONAL

Puzzle # 13

QUASARS	SWIFT	GROOVES
ELEMENTS	SCALE	PROTOSTAR
SIPPING	RADIATION	TECTONICS
STRIPES	MIMAS	PHOTOGRAPHS
SITES	TALLEST	TRANSIENTS
GLOBULARCLUSTER	JOURNEY	DEBATES
GAS	UNFOLD	HOROSCOPE
MICROCHIP	HALO	CONTINUUM

Puzzle # 14

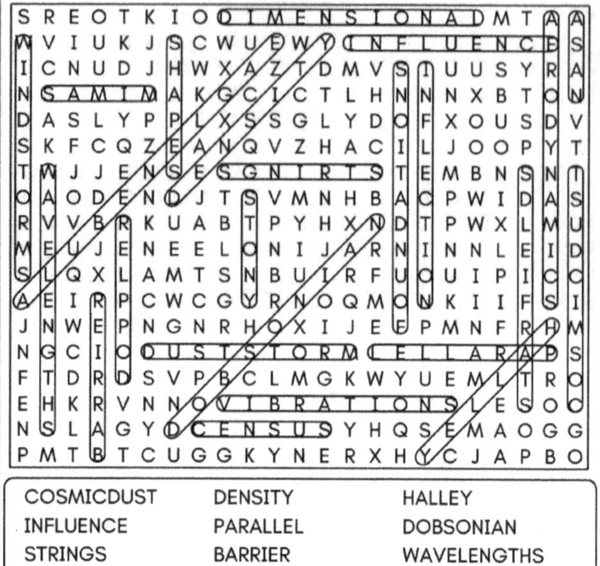

COSMICDUST	DENSITY	HALLEY
INFLUENCE	PARALLEL	DOBSONIAN
STRINGS	BARRIER	WAVELENGTHS
SHAPES	DUSTSTORM	CENSUS
FOUNDATIONS	NASA	VIBRATIONS
EAGLENEBULA	WINDSTORMS	MIMAS
STONY	STARFIELDS	AERODYNAMICS
DIMENSIONAL	DOPPLER	INFLECTION

Puzzle # 15

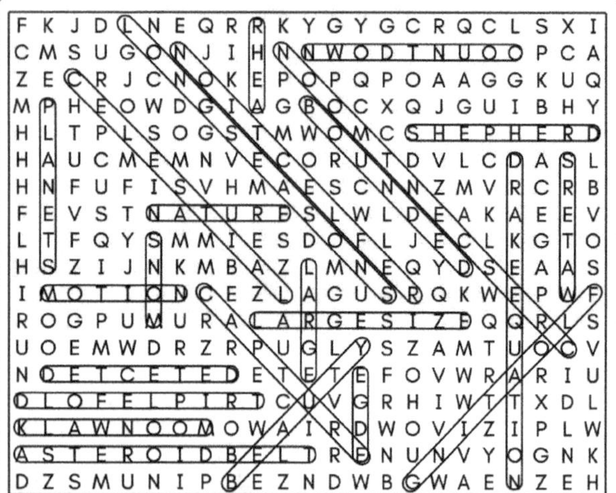

PLANETS	MONS	CAPTURE
ASTEROIDBELT	MOTION	NATURE
DRAKEEQUATION	MOONWALK	CELESTIAL
LARGESIZE	LARGE	EDGE
DETECTED	SHEPHERD	COUNTDOWN
TRIPLEFOLD	WATERS	LONGSEASONS
RHEA	REFLECTION	BEAUTY
CRESCENTMOON	FLOATING	BOUNDED

Puzzle # 16

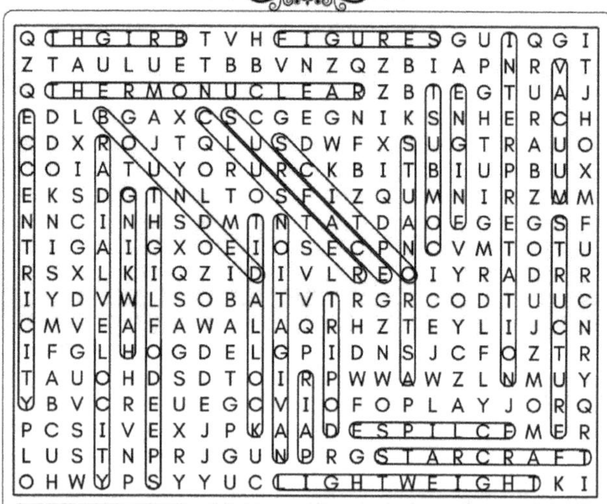

INTERPRETATION	STRUCTURE	BRIGHT
FIGURES	STARCRAFT	TRIPOD
CLUSTER	ECCENTRICITY	THERMONUCLEAR
PAIR	VACUUM	ECLIPSE
LIGHTWEIGHT	OPTICS	HAWKING
BOUNDED	SURFACE	TIDALLOCK
NAVIGATION	ASTRONAUTS	SPEEDOFLIGHT
ENGINE	RADIAL-VELOCITY	COMBUST

Puzzle # 17

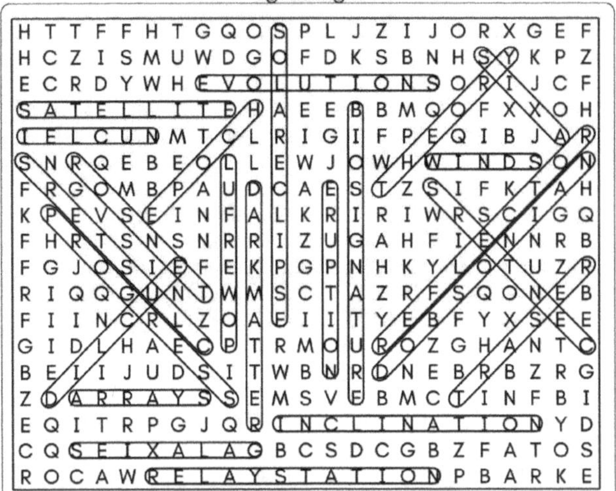

EVOLUTIONS	AXIS	SOLARECLIPSE
NUCLEI	ARRAYS	RELAYSTATION
EUCLID	EPOCH	WINDS
PROGRESS	GALAXIES	DARKMATTER
REFLECTOR	BIOSIGNATURE	SATELLITE
INCLINATION	POWERFUL	THEORY
CLUSTERS	CENTERS	TRASER
DOBSONIAN	TENSOR	ERUPTION

Puzzle # 18

EXPANSE	RIVERS	HIGHLANDS
INTERESTING	MEDIUM	WAVES
THINNING	LONG-PERIOD	SMALLEST
LIGHTNING	CAPTURE	DEBRIS
MORPHOLOGY	HIGH-ENERGY	NEOGATION
SUPERGIANT	WIND	TEMPERATURE
MANY	MASS	BRILLIANCE
TRIPOD	NEWTELEGRAPH	ZODIACS

Puzzle # 19

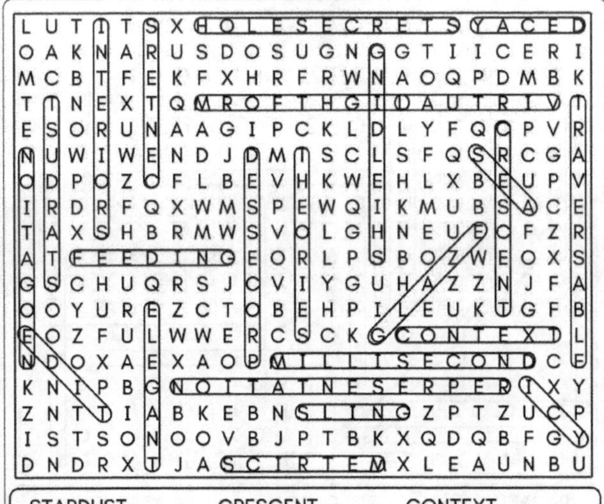

STARDUST	CRESCENT	CONTEXT
FEEDING	SLING	NEOGATION
METRICS	TRAVERSABLE	THEORIES
TIDE	CENTERS	VIRTUAL
PROCESSED	HOLESECRETS	DECAY
SHIELDING	INTERIORS	ICY
REPRESENTATION	SEA	ELEGANT
LIGHTFORM	MILLISECOND	GLAZE

Puzzle # 20

SPACEFARING	MOONSYSTEM	SHADOW
DARKMATTER	DEEP	GAZING
ROBOTICS	JPL	JUNO
OORT	HYPOTHESIS	MOLECULAR
TYPE	TECHNIQUES	PROPULSION
BIOFABRICATIONS	CLOUD	CHONDRITES
SIMULATION	MYTHS	EQUATIONS
TECHNOLOGY	RETINA	ENFLAME

Puzzle # 21

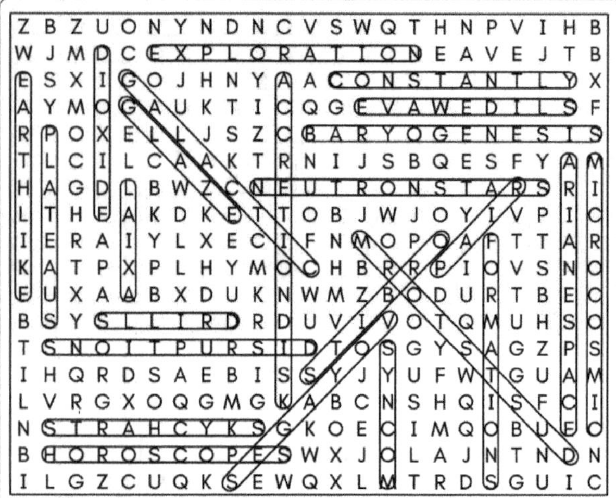

SKYCHARTS	EARTHLIKE	AXIAL
DISRUPTIONS	HOROSCOPES	SYNCOM
SLIDEWAVE	BARYOGENESIS	ORBITS
DIOXIDE	PAIR	FORMATIONS
CONSTANTLY	ARIANESPACE	ACCRETIONDISK
MICROCOSMIC	PLATEAUS	DRILLS
DUSTSTORM	VOYAGES	NEUTRONSTARS
EXPLORATION	GALACTIC	GLAZE

Puzzle # 22

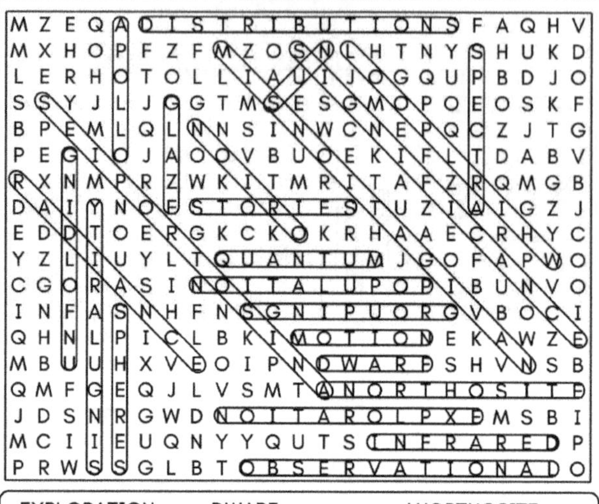

EXPLORATION	DWARF	ANORTHOSITE
DISTRIBUTIONS	SPECTRA	QUANTUM
NAVIGATIONSIM	ORION	SINGULARITY
SUN	APOLLO	SIGNIFICANCE
GROUPINGS	ANISOTROPIES	UNFOLDING
MOTION	INFRARED	RADIANCE
OBSERVATIONAL	POPULATION	STORIES
SPHERES	WHIRLPOOL	GLAZE

Puzzle # 23

SOLAR	ATMOSPHERE	LONGSEASONS
ARMS	VIRTUAL	PHYSICIST
STARSHINE	LOCALGROUP	RADIO
ANALYSIS	SUBSURFACE	NEBULA
APPLICATION	ZOOM	TRACKINGUNIT
DECAY	SATURN	STRONG
SUNLIGHT	HORIZON	PLOTS
HEXAGONAL	SPINOR	SIGNALS

Puzzle # 24

SPACETIME	GEOLOGICAL	GREATSTORM
UNIQUE	VIEWS	COORDINATES
CASSIOPEIA	PHOTON	TERRAINS
PRESSURE	HURRICANE	REMNANTS
HYPOTHESIS	LAND	DIMINISHES
COSMOLOGIST	CORE	EARTHLIKE
HISTORICAL	IDENTIFICATION	STARLIGHT
TRACKING	FLOATING	PATHOLOGY

Puzzle # 25

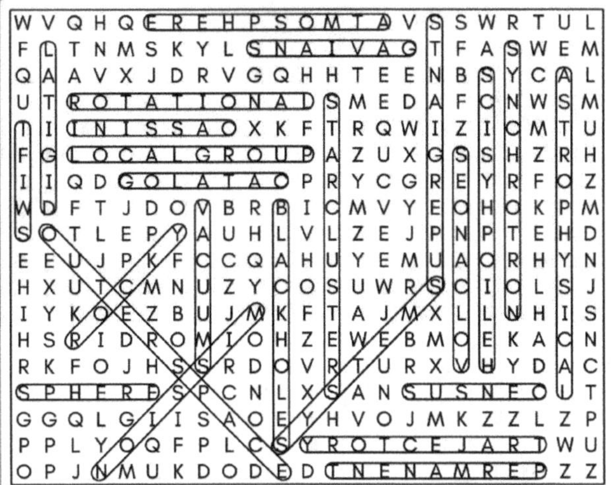

BLACKHOLES	SPHERE	VOLCANOES
CENSUS	ROCKY	ASTROPHYSICAL
GAVIANS	SYNCHROTRON	VACUUMS
HELIOPHYSICS	CASSINI	SUPERGIANTS
ROTATIONAL	STARCLUSTERS	DIGITAL
CATALOG	ATMOSPHERE	SWIFT
MISSION	SYSTEMS	OUTERSPACE
TRAJECTORY	LOCALGROUP	PERMANENT

Puzzle # 26

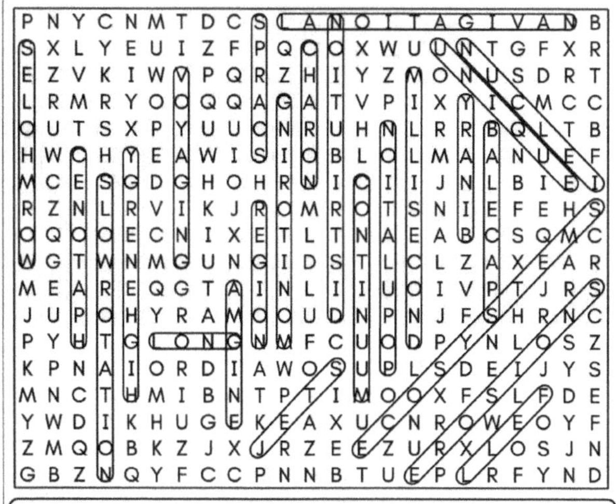

SCARPS	SLOWROTATION	LONG
POPULATION	WORMHOLES	HIGH-ENERGY
ENIGMA	MILLISECOND	ECOSYSTEMS
UNIQUE	REGION	NUCLEI
JETS	NAVIGATIONAL	SPACELAB
CHARON	EROSIONS	FELL
DISTRIBUTION	BINARY	MONITORING
VOYAGING	CENOTAPH	CONTINUUM

Puzzle # 27

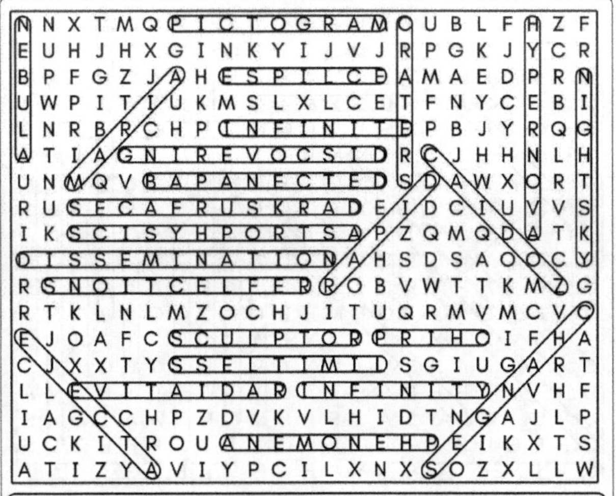

ASTROPHYSICS	PHENOMENA	REFLECTIONS
EJECTA	NIGHTSKY	ECLIPSE
PICTOGRAM	DISSEMINATION	INFINITY
BAPANECTED	MARIA	NEBULA
RAPID	HYPERNOVA	CHIRP
INFINITE	CRATERS	CHANGES
DARKSURFACES	ZODIAC	DISCOVERING
SCULPTOR	RADIATIVE	LIMITLESS

Puzzle # 28

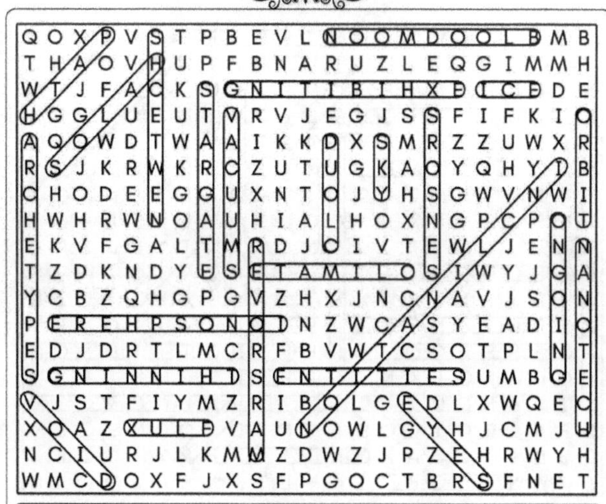

VOID	IONOSPHERE	ICE
ONGOING	HALOS	EYES
STARGATE	NEWTECHS	ORBIT
SENSORS	CLOUD	SKY
ARCHETYPES	MARSROVER	THINNING
FLUX	VACUUMS	CLIMATE
BLOODMOON	PATH	ENTITIES
NANOTECH	EXHIBITING	INCLINATION

Puzzle # 29

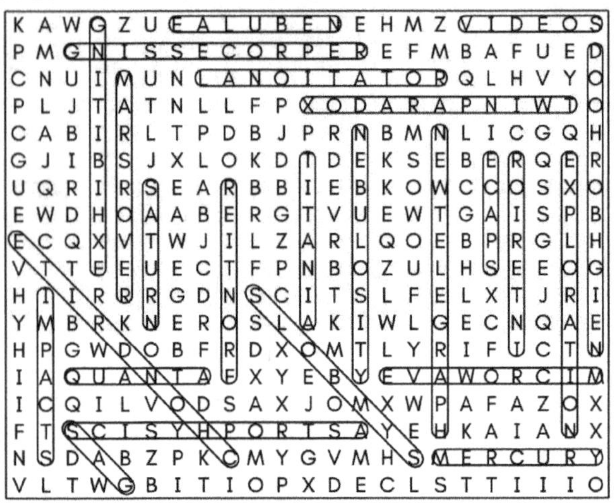

ASTROPHYSICS	SATURN	TITANIA
FRONTIER	NEIGHBORHOOD	TWINPARADOX
EXPLORATION	QUANTA	MICROWAVE
IMPACTS	GAS	SYMBOLS
NEBULAE	EXHIBITING	SPACE
REPROCESSING	MERCURY	INTERIOR
VIDEOS	ROTATIONAL	MARSROVER
NEWTELEGRAPH	NEBULOSITY	CHONDRITE

Puzzle # 30

DISCOVERIES	RHEA	SOLUTIONS
MEDIUMS	SPACESUIT	NASA
PROCESSED	SHIELDING	WATER
OBSERVATIONAL	VARIATIONS	PLANISPHERE
TWINPARADOX	MARTIANNIGHTSKY	BLACKSPACE
LOST	CRATER	IDENTIFICATION
NOVAE	IMAGINATIONS	SKYGAZER
MARTIANSURFACE	APHELION	LONGEVITY

Puzzle # 31

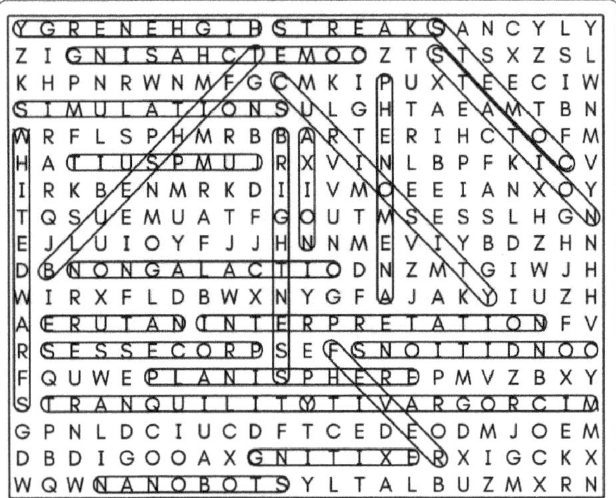

COMETS	BRIGHTNESS	EXITING
MICROGRAVITY	TRANQUILITY	WHITEDWARFS
COMETCHASING	AXION	INTERPRETATION
PROCESSES	STREAKS	SIMULATIONS
NATURE	NANOBOTS	STATION
NONGALACTIC	PHENOMENA	CURIOSITY
CONDITIONS	PLANISPHERE	HIGH-ENERGY
JUMPSUIT	BLUESHIFT	FEVER

Puzzle # 32

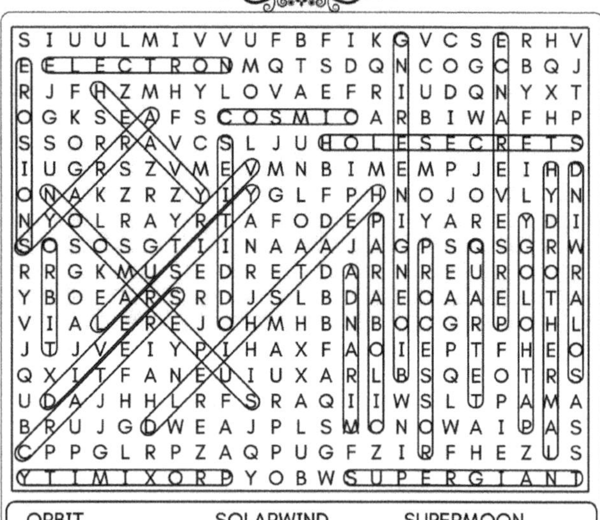

ORBIT	SOLARWIND	SUPERMOON
MIRANDA	HEAVY	PROCESSOR
HOLESECRETS	PATHOLOGY	COSMIC
EROSIONS	DIVERSITY	PROXIMITY
VIRTUAL	HEATSHIELD	QUARTET
PARABOLIC	CRATERS	PERSEVERANCE
HYDROTHERMAL	ELECTRON	ARRAYS
BIOENGINEERING	SUPERGIANT	ODDITIES

Puzzle # 33

OBSERVATORIES	HIGHLANDS	UNOBTAINABLE
PRINCIPLES	NEIGHBORHOOD	MIDNIGHT
SENSORS	TERRANE	VARIATIONS
STUDYING	SOFTWARE	COMPUTER
CHROMOSPHERE	SUNLIGHT	NURSERIES
HORIZONS	MOONBASE	UNIVERSEMAP
BIGGEST	ABSORPTION	ASTRONOMICS
DISTANTPAST	NIGHTTIME	FERMIONS

Puzzle # 34

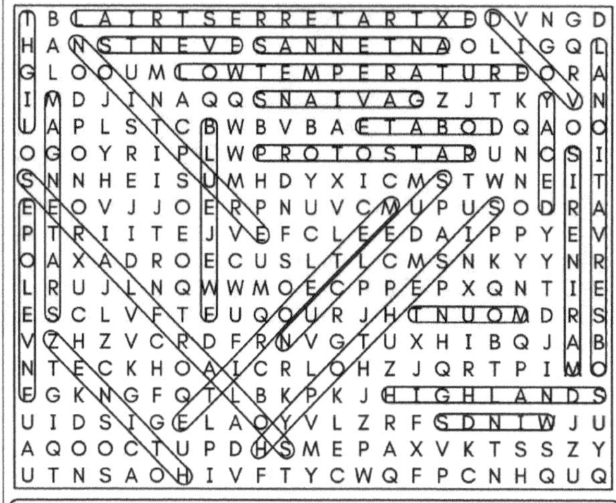

VOID	LIGHT	MARINERIS
OBSERVATIONAL	MAGNETARS	ANTENNAS
GAVIANS	SOLARFLARES	EXTRATERRESTRIAL
LOBATE	LOWTEMPERATURE	EVENTS
METEORITE	MOUNT	DECAY
ENVELOPE	WINDS	BLUEJEWE
HIGHLANDS	HYPOTHESIS	ZENITH
PROTOSTAR	NUCLEUS	ERUPTION

Puzzle # 35

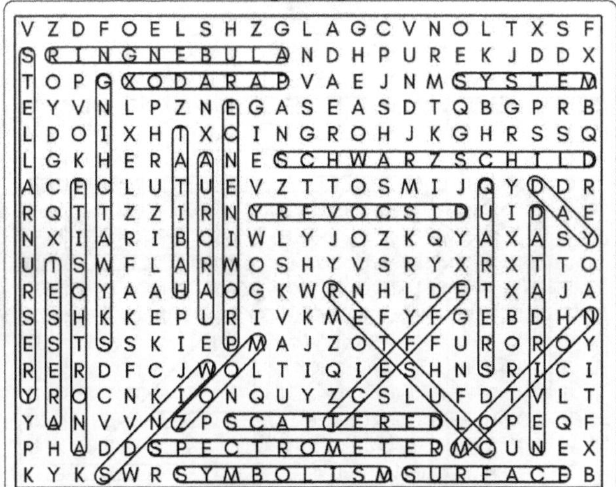

SYSTEM	DAY	DISCOVERY
ANORTHOSITE	SPECTROMETER	ZOOM
DATADRIVEN	RINGNEBULA	WINDS
TESSERA	QUARTERS	SCATTERED
PARADOX	AURORAL	CLUSTER
SCHWARZSCHILD	SURFACE	EFFECT
SYMBOLISM	SKYWATCHING	HABITAT
PROMINENCE	STELLARNURSERY	MOTION

Puzzle # 36

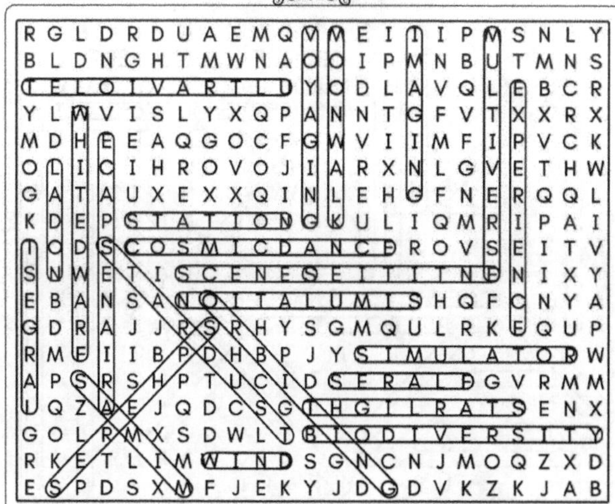

ORBITING	ULTRAVIOLET	BIODIVERSITY
LARGEST	SPHERES	VOYAGING
ARIANESPACE	SIMULATION	STARDUST
FLARES	MIMAS	STARLIGHT
EXPERIENCE	SIMULATOR	MOONWALK
WHITEDWARF	MULTIVERSE	WIND
IMAGING	ENTITIES	SCENES
COSMICDANCE	STATION	NODAL

Puzzle # 37

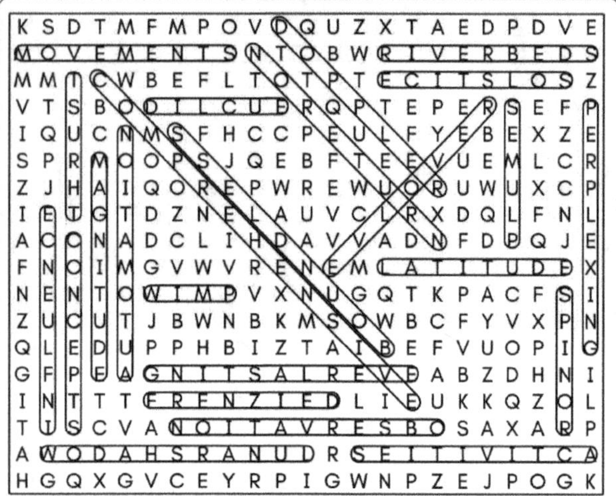

REVOLVE	THRUST	OBSERVATION
EUCLID	ACTIVITIES	NORETURN
RIVERBEDS	LATITUDE	PLUMES
SOLSTICE	CONCEPTS	SPINOR
COMPREHENSIVE	DOPPLER	INFLUENCE
WIMP	LUNARSHADOW	PERPLEXING
MAGNITUDE	FRENZIED	MOVEMENTS
BOUNDLESS	AUTOMATION	EVERLASTING

Puzzle # 38

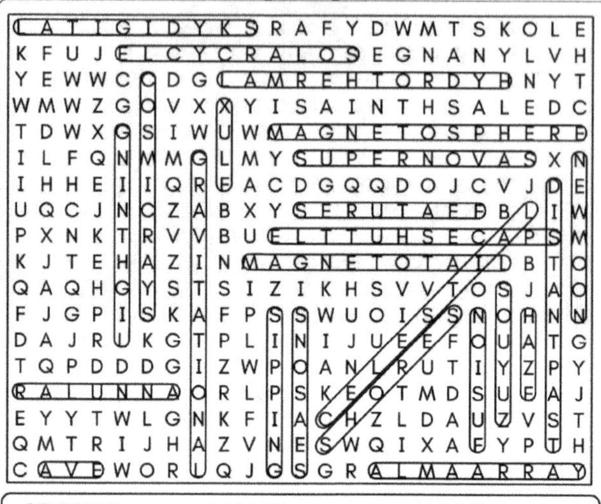

CELESTIAL	FUSION	LIGHTNING
NEWMOON	HYDROTHERMAL	SHORES
SPACESHUTTLE	SKYDIGITAL	SEASONS
SOLARCYCLE	MAGNETOTAIL	ANNULAR
SUPERNOVAS	DISTANTPAST	SIPPING
ALMAARRAY	MAGNETOSPHERE	FEATURES
HAZE	GRAVITATIONAL	COSMICRAYS
SOUYUZ	EVA	FLUX

Puzzle # 39

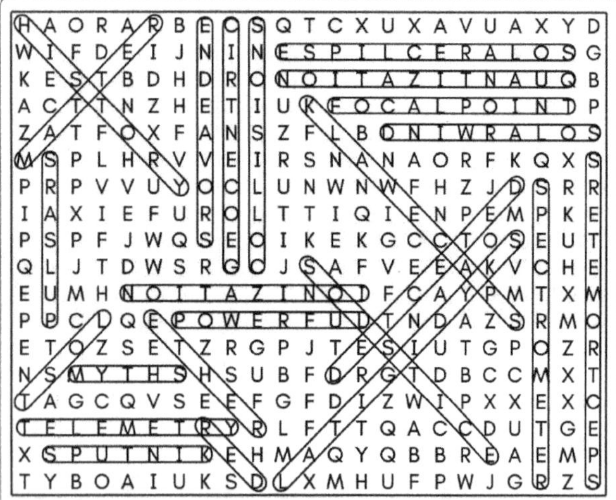

ETHER	SOLARWIND	SOLARECLIPSE
MATTER	MYTHS	ENDEAVORS
TELEMETRY	SKYDIGITAL	GEOCENTRIC
HISTORY	PULSARS	RED
DETECTED	SPACEWALK	FOCALPOINT
SOLSTICE	SPECTROMETERS	POWERFUL
COLLISIONS	IONIZATION	QUANTIZATION
SPECTROMETER	SPUTNIK	LOST

Puzzle # 40

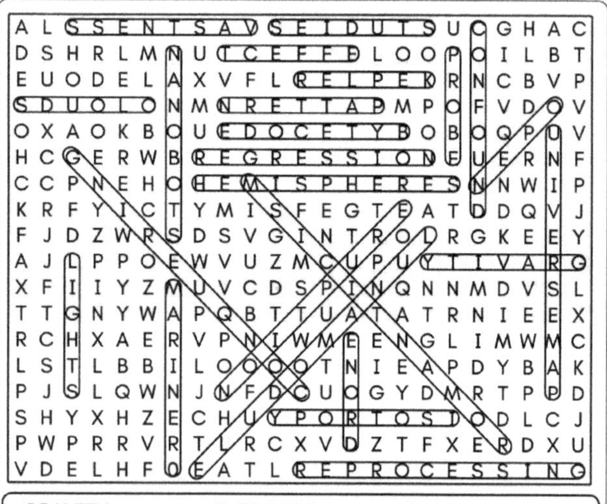

GRAVITY	BYTECODE	CLOUDS
NANOBOTS	PATTERN	UNIVERSEMAP
OPEN	ERUPTION	DRONE
STUDIES	VASTNESS	PROBE
CONQUERING	ISOTROPY	REPROCESSING
ROMANTICISM	MARINER0	KEPLER
EFFECT	LUNAMODULE	LIGHTS
REGRESSION	HEMISPHERES	CONFOUND

Puzzle # 41

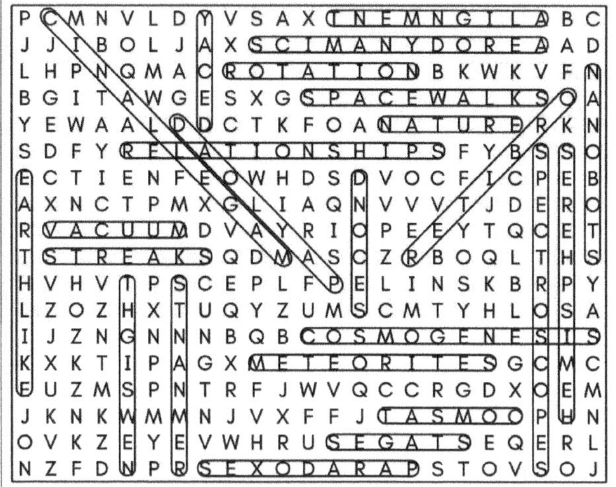

SPECTROSCOPES	RELATIONSHIPS	STREAKS
VACUUM	SPACEWALKS	PAYLOAD
PARADOXES	DECAY	ROTATION
REMNANTS	ALIGNMENT	HEMISPHERES
AERODYNAMICS	NANOBOTS	MAGELLANIC
SECOND	EARTHLIKE	METEORITES
STAGES	NATURE	COMSAT
NEWSIGHT	COSMOGENESIS	ORBITER

Puzzle # 42

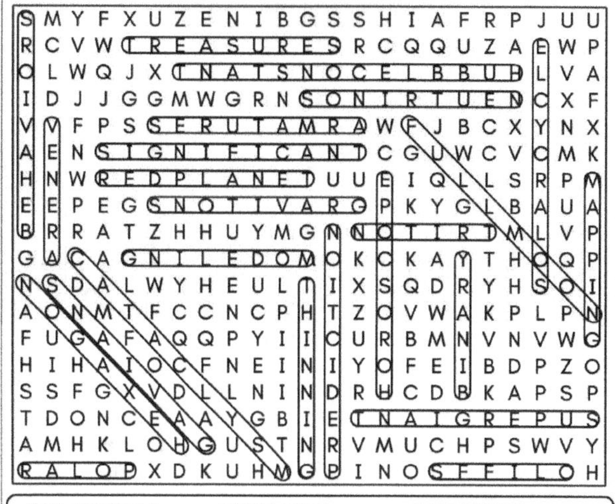

SOLARCYCLE	REDPLANET	FULLMOON
TRITON	BINARY	PREDICTION
THINNING	HUBBLECONSTANT	CLIFFS
POLAR	MAPPING	SIGNIFICANT
NEUTRINOS	TREASURES	GAVIANS
SUPERGIANT	VENERA	HEXAGON
BEHAVIORS	MODELING	ARMATURES
HOROSCOPE	GRAVITONS	CATACLYSM

Puzzle # 43

PLAINS	COLLECTS	CONCEPTS
VELOCITIES	NANOTECH	MARE
COSMOGENESIS	HAWKING	CONVEYANCE
BASALT	GLOWING	MYTHOLOGY
FINALFRONTIER	AUTHENTIES	DECAY
DOPPLEREFFECT	GASGIANT	REGOLITH
VOIDS	SPACEWALKS	SIPPING
LEIGH	DIPOLE	DOPPLERSHIFT

Puzzle # 44

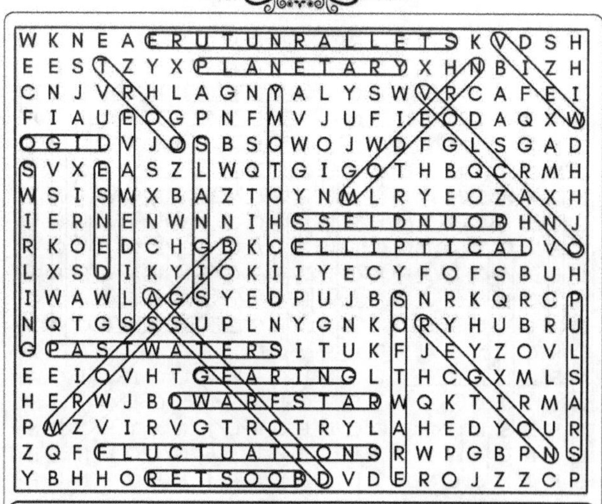

VOLCANO	SWIRLING	ELLIPTICAL
PULSARS	MODERN	BOOSTER
FLUCTUATIONS	DICHOTOMY	PASTWATERS
PLANETARY	OORT	REGION
VIEW	GEARING	LIGO
STELLARNUTURE	BIGSTORM	DENSE
ASTEROID	DWARFSTAR	SOFTWARE
SLIDEWAVE	SIGNALS	BOUNDLESS

Puzzle # 45

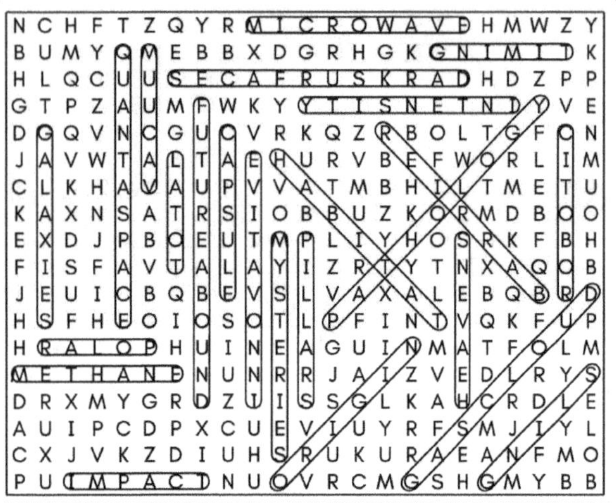

MICROWAVE	SLING	GALAXIES
METHANE	INNOVATIVE	VACUUM
DARKSURFACES	ROBOTIC	PILLARS
ORIGIN	BARRIER	FUTUREABOUND
TIMING	POLAR	GASCLOUD
MYSTERIES	IMPACT	CAPSULE
HEAVENS	INTENSITY	QUANTASPACE
HABITAT	TOTAL	PATHOLOGY

Puzzle # 46

PLAINS	STRONG	SUBSURFACE
MAGNETARS	ARMATURES	SUPERMASSIVE
CHASINGCOMET	AXION	CONVEYANCE
GREAT	PROGRESS	UNIVERSES
BACKGROUND	PARADIGMS	METRICS
ERUPTION	WEATHER	GROOVES
COMPREHENSIVE	ANTIMATTER	PRINCIPLES
SHEPHERD	EAGLENEBULA	ENFLAME

Puzzle # 47

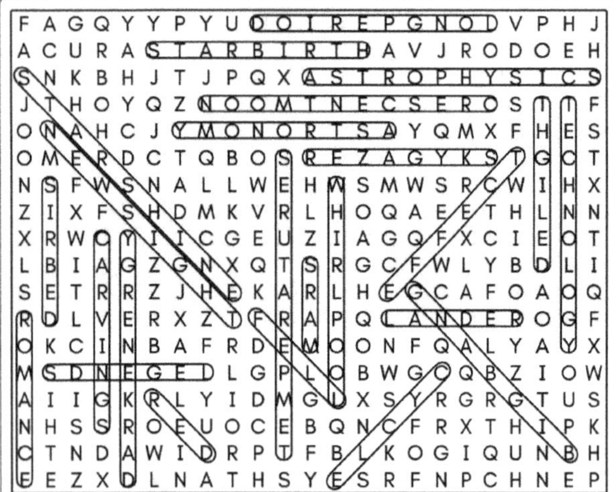

ASTROPHYSICS	TEMPERATURES	FELL
RED	ASTRONOMY	STARBIRTH
DELIGHT	CARVINGS	TECHNOLOGY
CRESCENTMOON	STARSHINE	WHIRLPOOL
BIGBANG	EFFECT	DEBRIS
CYCLE	DARKENERGY	LEGENDS
ROMANCE	LANDER	SKYGAZER
MARS	NEWSIGHT	LONG-PERIOD

Puzzle # 48

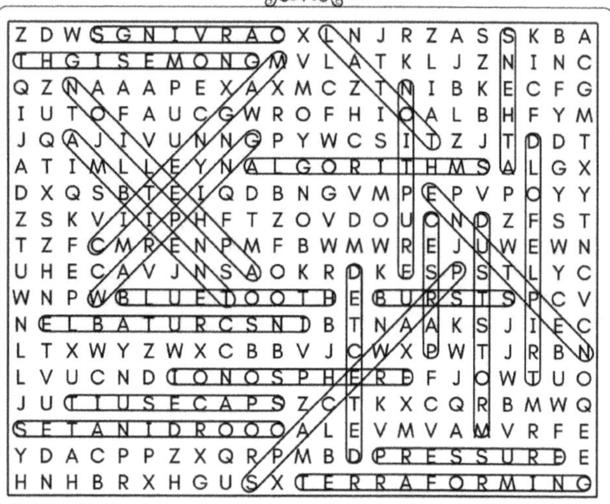

NEPTUNE	PRESSURE	BURSTS
AMBIENT	SPACESUIT	TERRAFORMING
ALGORITHMS	WARPING	IONOSPHERE
DUSTSTORM	COORDINATES	CARVINGS
BLUETOOTH	GNOMESIGHT	APHELION
ERUPTION	MAGNETIC	TOTAL
DETECTED	ATHENS	SPACEWARP
TRIPLEFOLD	PARSEC	INSCRUTABLE

Puzzle # 49

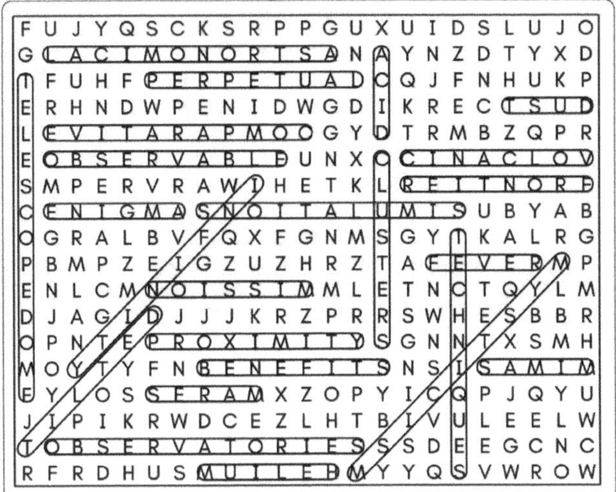

OBSERVATORIES	ACID	MARES
COMPARATIVE	OBSERVABLE	SIMULATIONS
ENIGMA	FEVER	HELIUM
TILTED	MYSTICISM	MIMAS
CLUSTERS	BENEFITS	TELESCOPEDOME
PERPETUAL	VOLCANIC	MISSION
DUST	PROXIMITY	FRONTIER
TECHNIQUES	ASTRONOMICAL	INFINITY

Puzzle # 50

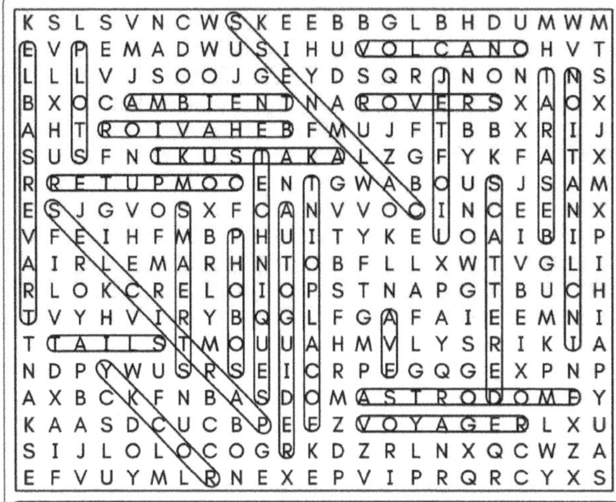

ROVERS	VOLCANO	PHOBOS
STREAMS	AMBIENT	FOCALPOINT
BESARAT	ASTRODOME	BEHAVIOR
PARTICLES	TAILS	ROCKY
PLOTS	AUTOGUIDER	EVA
TRAVERSABLE	AKATSUKI	VOYAGER
SCATTERED	CALMNESS	TECHNIQUES
JETFOIL	COMPUTER	INCLINATION

Puzzle # 51

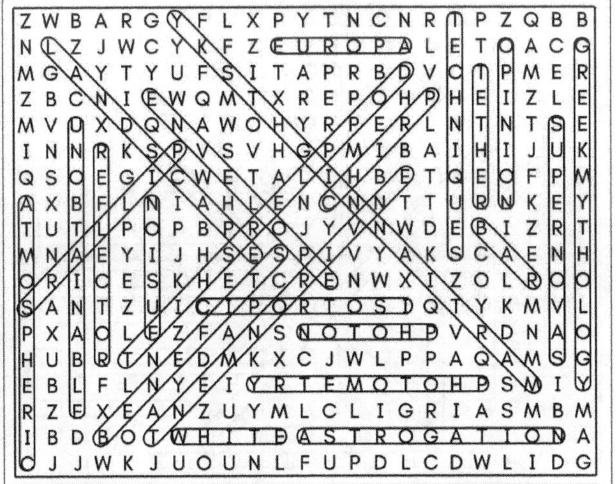

FUSION	EUROPA	ENVIRONMENT
UNOBTAINABLE	PILLARS	MARTIANNIGHTSKY
PHOTON	CHIRP	LANDSCAPE
SUPERNOVAS	PHOTOMETRY	GREEKMYTHOLOGY
TECHNIQUES	TETHER	ASTROGATION
DOPPLERSHIFT	ATMOSPHERIC	BAR
WHITE	BENEFITS	REFLECTOR
OPINION	ISOTROPIC	ENVELOPE

Puzzle # 52

SPINNING	THERMONUCLEAR	HUMAN
SOLARHEART	CIVILIZATIONS	SCALE
ALOS	CHARON	OBSERVATORIES
INSTRUMENTS	DUST	PARTIAL
TOOLS	NOTABLE	BOSONS
DOPPLEREFFECT	WAVELENGTHS	HISTORY
TRITON	NOVA	ANCIENTGREECE
SPACEWEATHER	MESSIER	GLOBULARCLUSTER

Puzzle # 53

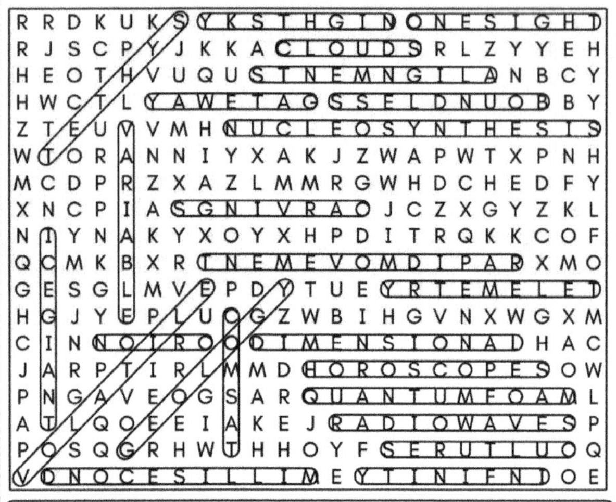

GEOLOGY	TETHYS	CULTURES
CARVINGS	COMSAT	DIMENSIONAL
MILLISECOND	GATEWAY	CLOUDS
VARIABLE	NIGHTSKY	HOROSCOPES
RAPIDMOVEMENT	RADIOWAVES	QUANTUMFOAM
BOUNDLESS	ICEGIANT	ALIGNMENTS
VOLATILE	TELEMETRY	ONESIGHT
ORION	NUCLEOSYNTHESIS	INFINITY

Puzzle # 54

STARS	SMALLEST	GAS
SOUTHERN	GLOBULAR	TRACKING
OPTICS	BARRIER	EXTRATERRESTRIAL
STUNNING	COMPREHENSIVE	LUNARSHADOW
SINGULARITIES	ALOS	VIBRATIONS
BEAM	GRANULES	ROCKS
GLOWING	VELOCITY	OUTER
MOUNT	WHIRLPOOL	PLANKEPOCH

Puzzle # 55

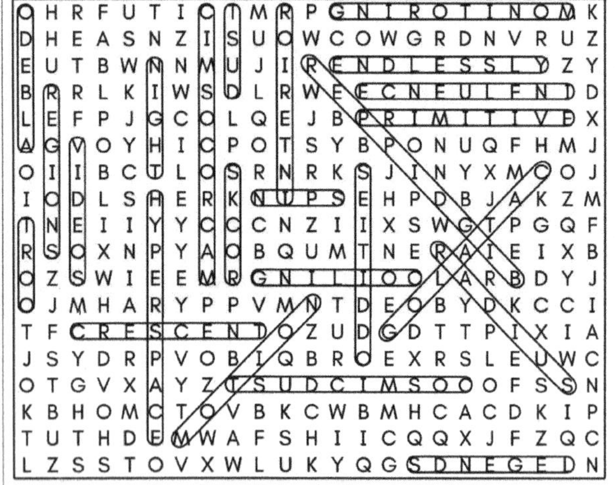

COSMICDUST	REGIONS	CRESCENT
OORT	VIDEOS	BIGDIPPER
HYPERSPACE	ODDITIES	NIGHT
SPIN	DUST	PRIMITIVE
LEGENDS	RADIUS	CATALOG
COILING	ALBEDO	INTERIOR
ROCKS	INFLUENCE	MONITORING
MOTION	MACROCOSMIC	ENDLESSLY

Puzzle # 56

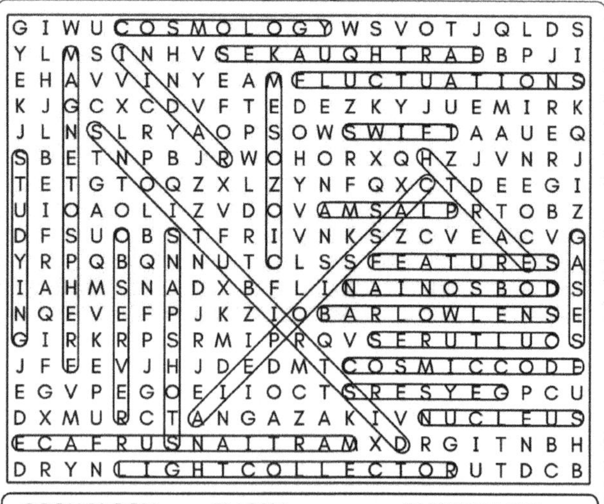

COSMOLOGY	PLASMA	EARTHQUAKES
RADII	SNAPSHOTS	LIGHTCOLLECTOR
MESOZOIC	COSMICCODE	EARTH
SWIFT	GEYSERS	CULTURES
CASSIOPEIA	BARLOWLENS	OBSERVER
FLUCTUATIONS	MAGNETOSPHERE	FEATURES
DISTRIBUTIONS	STUDYING	DOBSONIAN
GASES	MARTIANSURFACE	NUCLEUS

Puzzle # 57

CELESTIAL	MESSENGER	RHEA
MOMENTS	BINARY	SEQUENCES
LONG-PERIOD	SOLARFLARES	LANDERS
HURRICANE	HIDDEN	PHOTOGRAPHS
SPACE-TIME	DETAIL	AREA
STREAM	CORE	COLOR
STREAMS	BULGE	UNITY
FINALFRONTIER	INTERFEROMETER	SEQUENCE

Puzzle # 58

COSMOLOGY	GEYSERS	ASTRONOMER
DOBSONIAN	FLARES	METEORITES
ALGORITHM	MARTIANSURFACE	CORE
SOLARHEART	BYTECODE	METRICS
WINDSTORMS	WAVES	TWINPARADOX
DOPPLER	ICEGIANT	ANISOTROPIES
STARSHIP	DIPOLE	WANING
REDSHIFTS	OPENUNIVERSE	MOTION

Puzzle # 59

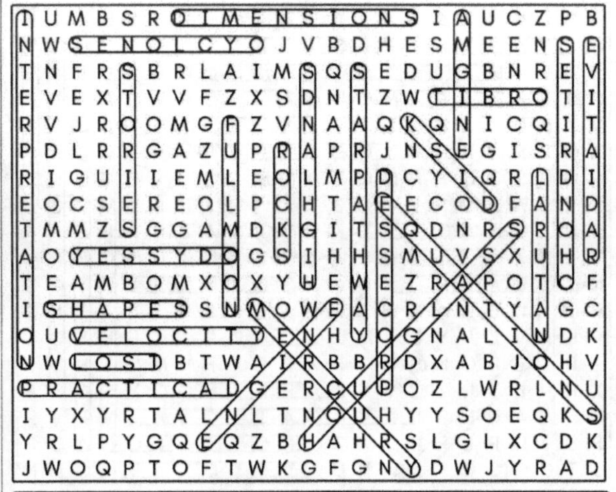

ORBIT	INTERPRETATION	NATURAL
CHONDRITES	DIMENSIONS	HOURGLASS
ENGINE	STARPATHWAY	MERCURY
FULLMOON	SHAPES	VELOCITY
EQUATIONS	ODYSSEY	PROCESSED
RADIATIVE	CYCLONES	HIGHLANDS
ROCKS	STORIES	DISK
ENIGMA	PRACTICAL	LOST

Puzzle # 60

JOURNEY	LAVA	DIFFERENTIATION
OBSERVE	VARIATIONS	RADIO-WAVES
RAPIDMOVEMENT	EVOLUTION	ENERGY
PARTICLES	OORT	GLOBULAR
CORES	ATTRIBUTES	EUCLID
BLISTER	IMAGERY	SPACECRAFT
METEOROIDS	MYSTERIES	ENVIRONMENTS
TALES	GEOLOGIST	EVERLASTING

Puzzle # 61

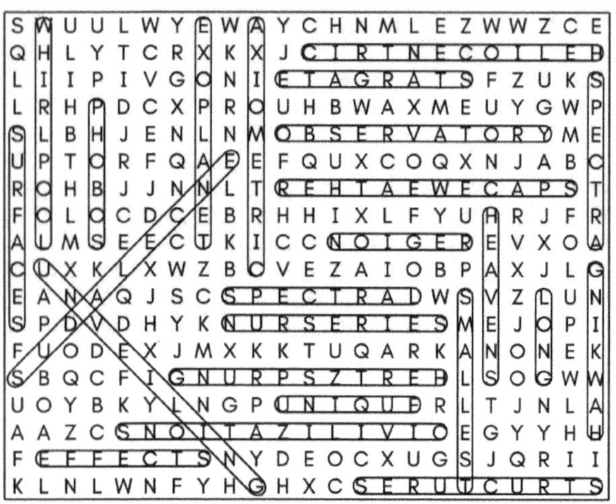

HELIOCENTRIC	AXIOMETRIC	PHOBOS
UNIQUE	SPECTRAL	NURSERIES
SPACEWEATHER	WHIRLPOOL	SURFACES
EXOPLANET	STRUCTURES	LONG
CIVILIZATIONS	HEAVENS	STARGATE
HAWKING	SMALLEST	EFFECTS
ENCELADUS	REGION	SPECTRA
OBSERVATORY	UNVEILING	HERTZSPRUNG

Puzzle # 62

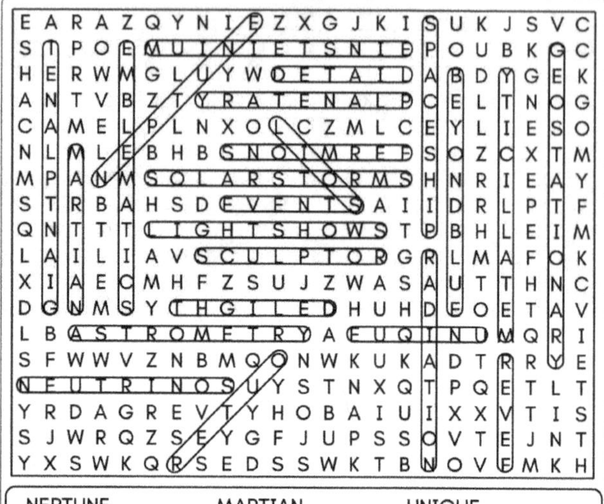

NEPTUNE	MARTIAN	UNIQUE
METALLICITY	DELIGHT	SCULPTOR
SPACESHIP	FERMIONS	SOLARSTORMS
GIANTPLANET	EVENTS	NEUTRINOS
OUTER	GEOSTATIONARY	ASTROMETRY
EINSTEINIUM	SOIL	PLANETARY
LIGHTSHOWS	EMBLEMATICS	DETAIL
BEYONDBLUE	RADIATION	FEVER

Puzzle # 63

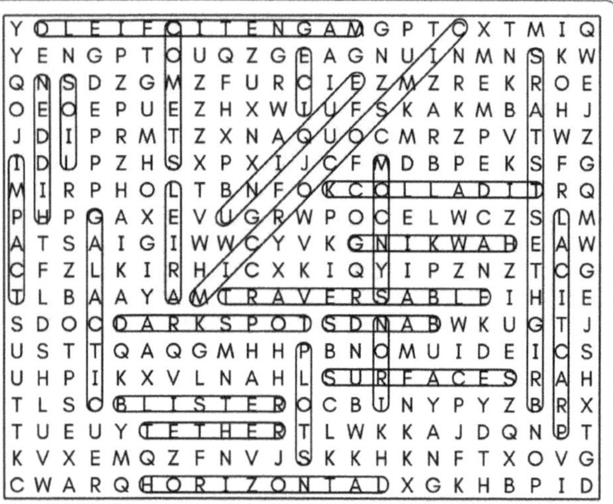

COMETS	SOIL	HORIZONTAL
TIDALLOCK	UNIQUE	PLOTS
PRACTICAL	TRAVERSABLE	SURFACES
BANDS	MAGNETICFIELD	IMPACT
HIDDEN	SYNCOM	GALACTIC
MICROCOSMIC	IRON	ICE
DARKSPOT	ARIEL	BRIGHTESTSTARS
TETHER	HAWKING	BLISTER

Puzzle # 64

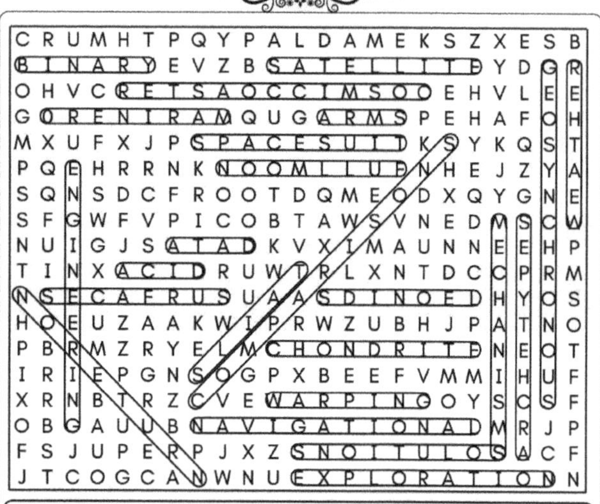

EXPLORATION	MARINER0	WEATHER
LEONIDS	BINARY	NAVIGATIONAL
COSMICCOASTER	WARPING	SURFACES
COMPARISONS	FULLMOON	SOLUTIONS
ARCHETYPES	SPACESUIT	NORETURN
CHONDRITE	DATA	ACID
TAILS	ARMS	MECHANISMS
ENGINEERING	SATELLITE	GEOSYNCHRONOUS

Puzzle # 65

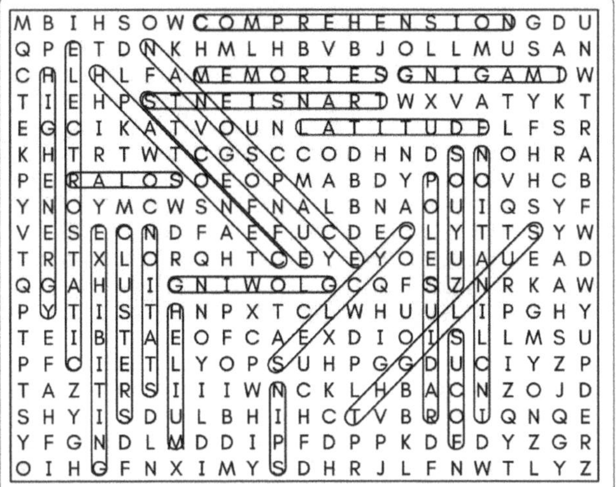

SOLAR	SPIN	IMAGING
CLUSTERS	COMPREHENSION	EXHIBITING
STATION	ELECTROSTATIC	HELIUM
CYCLES	GLOWING	MEMORIES
SOUYUZ	LATITUDE	FOCUS
CENOTAPH	POLES	EFFECTS
SUNLIGHT	HIGH-ENERGY	RADIUS
NANOSPACE	TRANSIENTS	INCLINATION

Puzzle # 66

EXTRATERRESTRIAL	BEHAVIOR	BLUEHUE
IRREGULAR	PHOTOGRAPHS	TIME
AERODYNAMICS	GEARING	SPACEFARING
SPEEDS	DISCOVERY	REMNANTS
PATH	TYPE	FINDER
LOCALGROUP	ANALYSIS	LIGHTNING
BLOODMOON	CONDENSED	VARIABLE
TECHNIQUES	MARTIANSURFACE	GLAZE

Puzzle # 67

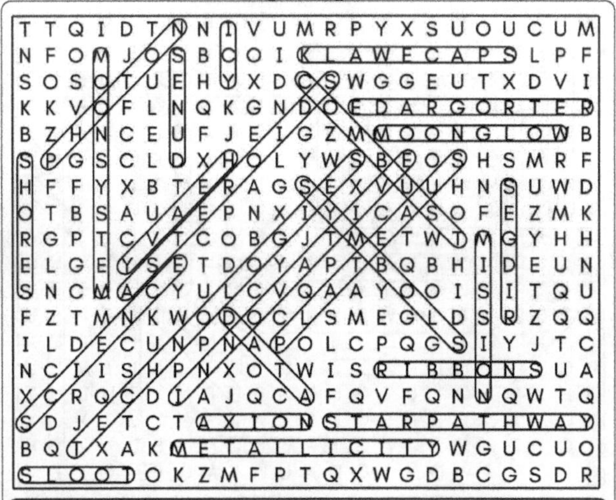

ASTEROIDS	SPACEWALK	METALLICITY
MOONSYSTEM	RETROGRADE	STARPATHWAY
HEAVY	RIBBONS	MISSION
DATA	INNOVATIVE	TOOLS
ICY	TECHNOLOGIES	AXION
SHORES	MOONGLOW	RIDGES
PLATEAUS	PHOTON	SYMBOLS
SCIENCE	DUNES	COMBUST

Puzzle # 68

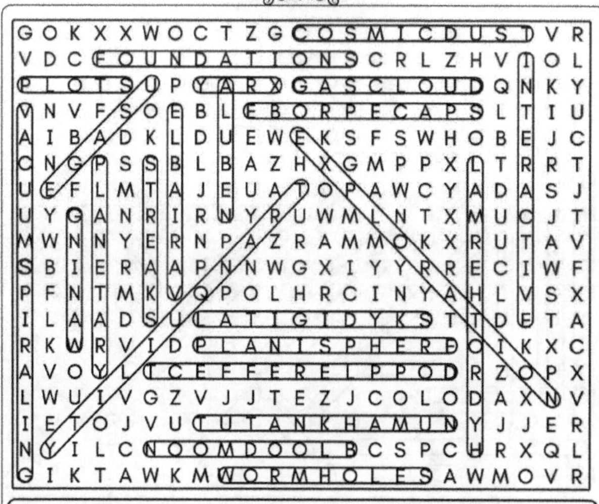

COSMICDUST	BLOODMOON	STREAKS
VARIABLE	TRANQUILITY	USAGE
TUTANKHAMUN	INTERACTIVE	VACUUMS
PLANETARY	NEBULA	WORMHOLES
PLOTS	SPACEPROBE	SKYDIGITAL
X-RAY	WANING	HYDROTHERMAL
SPIRALING	PLANISPHERE	FOUNDATIONS
GASCLOUD	EXPLORATION	DOPPLEREFFECT

Puzzle # 69

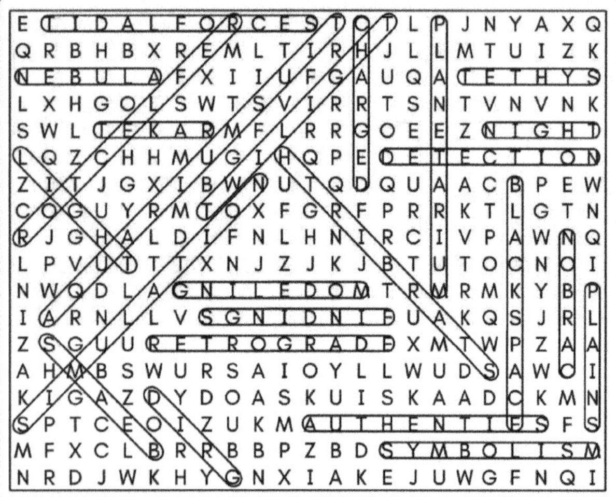

PLANETARIUM	NIGHT	SYMBOLISM
TIDALFORCES	MODELING	DETECTION
TWILIGHT	BLACKSPACE	LIGHT
RETROGRADE	FINDINGS	GRID
NEBULA	BEAMS	RAKET
AUTHENTIES	PLAINS	CARBON
TETHYS	CHARGED	STARBIRTH
REFLECTOR	AQUARIUMSUIT	SIMULATION

Puzzle # 70

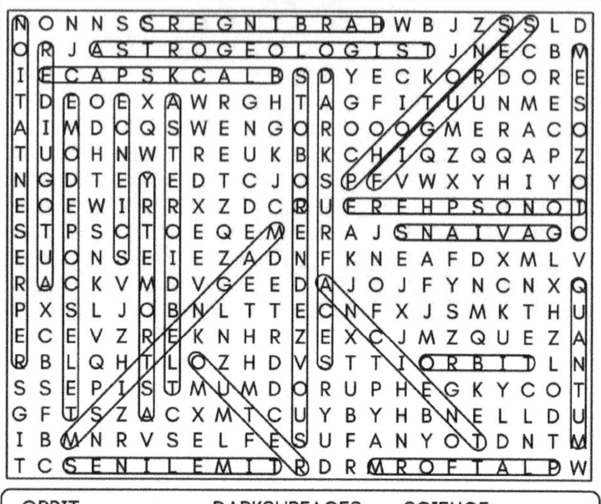

ORBIT	DARKSURFACES	SCIENCE
FIGURES	OUTER	AUTOGUIDER
ASTROGEOLOGIST	PHOTONS	IONOSPHERE
ASTEROIDBELT	MAGNETISM	REPRESENTATION
PLATFORM	TELESCOPEDOME	ROBOTS
BLACKSPACE	ANCIENT	HARBINGERS
TIMELINES	QUANTUM	RENDEZVOUS
MESOZOIC	GAVIANS	ASTROMETRY

Puzzle # 71

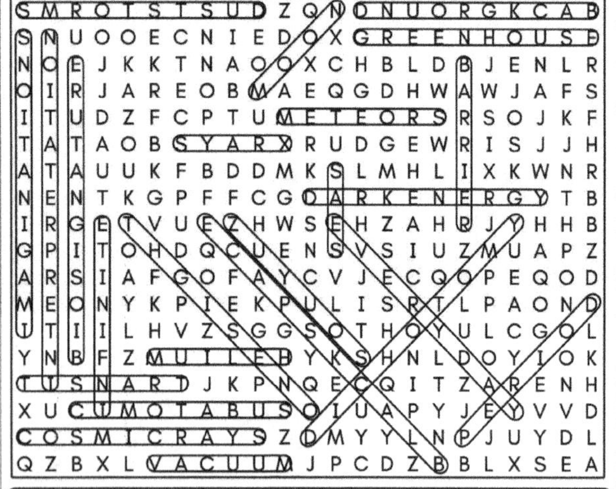

METEORS	GREENHOUSE	MOON
VACUUM	PERIOD	SOUYUZ
BLACKSPACE	BARRIER	HELIUM
SEAS	COSMICRAYS	BACKGROUND
X-RAYS	BIOSIGNATURE	ONESIGHT
TRANSIT	INTERPRETATION	DUSTSTORMS
DARKENERGY	EVERYDAY	IMAGINATIONS
INFINITE	SUBATOMIC	DICHOTOMY

Puzzle # 72

EXPLORATION	PROCESS	SOLARINFLUENCE
BAR	CENTERS	ENIGMA
OPPOSITION	PASSAGES	DISCOVERY
BELT	MOMENTS	ASTRONOMY
FATE	REMOTE	PARSEC
VAPOR	SCIENTIFIC	BRIGHT
EXTREME	OPEN	MINERALS
GASSES	HYPERSPACE	INFINITY

Puzzle # 73

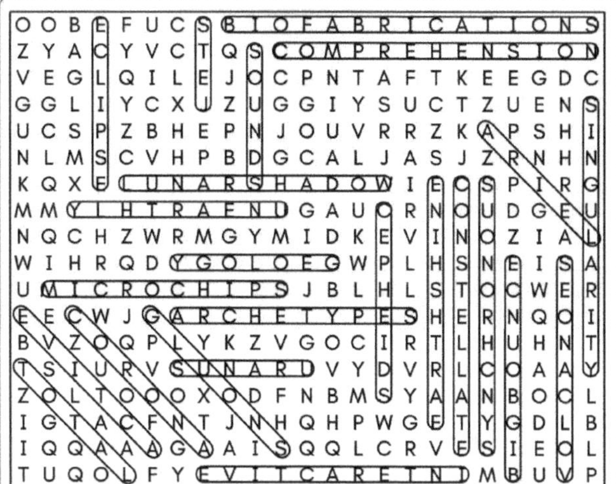

SINGULARITY	CORONA	SYNCHRONOUS
TOTAL	JETS	ECLIPSE
BIGBOUNCE	CONSTELLATE	URANUS
VOLCANOES	ARIEL	LUNARSHADOW
ACTIVE	MICROCHIPS	BIOFABRICATIONS
GLUONS	GEOLOGY	EARTHSHINE
SOUNDS	ARCHETYPES	COMPREHENSION
UNEARTHLY	INTERACTIVE	CEPHEIDS

Puzzle # 74

ORBITS	RESEARCH	SPIN
TIMELINES	STUDYING	TRAJECTORY
GLUONS	EXO-MOON	SOLARWIND
IRON	PERSEIDS	SPATIAL
SCENES	EYEPIECE	REGRESSION
SIGNALS	SOLARSTORMS	BANDS
COSMICRAYS	COORDINATES	LIGHTCURVE
TALLEST	ELECTROSTATIC	BOUNDED

Puzzle # 75

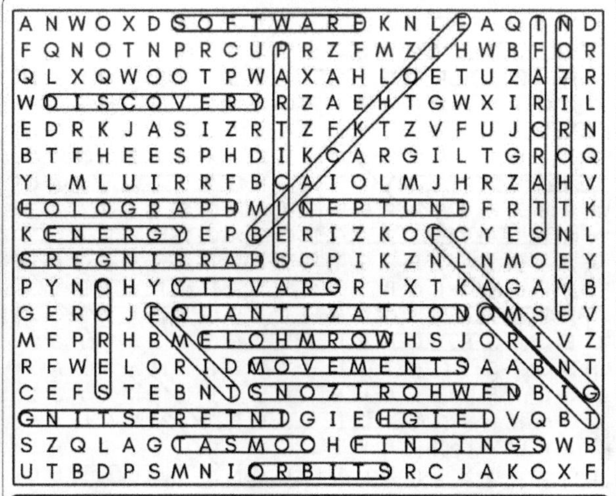

ORBIT	ORBITS	DISCOVERY
INTERESTING	TIME	BLACKHOLE
HOLOGRAPH	STARCRAFT	GRAVITY
ENERGY	NEWHORIZONS	HARBINGERS
CORES	MOVEMENTS	WORMHOLE
LEIGH	NEPTUNE	PARTICLES
FINDINGS	EVENTHORIZON	QUANTIZATION
SOFTWARE	COMSAT	FLAMING

Puzzle # 76

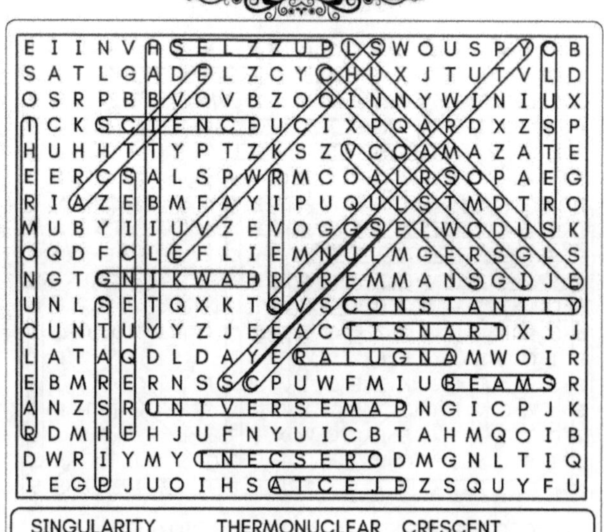

SINGULARITY	THERMONUCLEAR	CRESCENT
CLUSTERS	ACTIVE	STARSHIP
UNIVERSEMAP	ISOTROPIC	FREQUENCIES
RIVERS	EJECTA	SURVEYS
BEAMS	SHOCKWAVE	ANGULAR
TRANSIT	HABITABILITY	VALLES
SCIENCE	PUZZLES	CONSTANTLY
LUNAMODULE	HAWKING	CEASELESS

Puzzle # 77

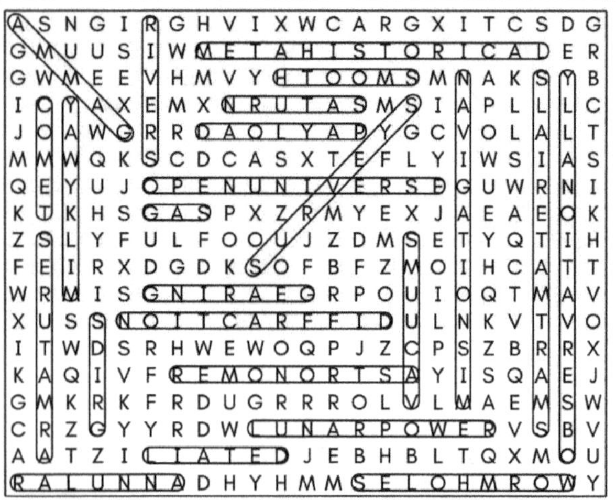

VACUUMS	SMOOTH	COMET
SURVEYS	META-HISTORICAL	DETAIL
OPENUNIVERSE	SMARTMATERIALS	GAMMA
RIVERS	GAS	WORMHOLES
OBSERVATIONALLY	ASTRONOMER	DIFFRACTION
GEARING	SATURN	ANNULAR
MILKYWAY	ARMATURES	GRIDS
LUNARPOWER	PAYLOAD	NAVIGATIONSIM

Puzzle # 78

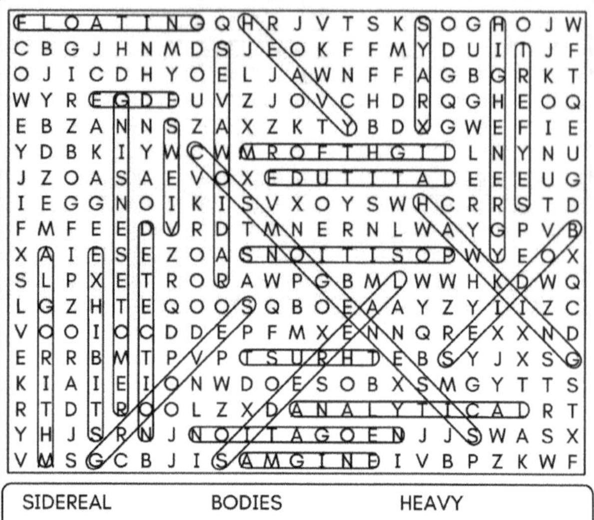

SIDEREAL	BODIES	HEAVY
HIGH-ENERGY	REMOTESENSING	LATITUDE
EXHIBITS	COSMOGENESIS	GROOVES
EDGE	DETECTION	ENIGMA
THRUST	NEOGATION	RADIOWAVES
HAWKING	VIEWS	ANALYTICAL
X-RAYS	ALGORITHM	FLOATING
LIGHTFORM	SEYFERT	POSITIONS

Puzzle # 79

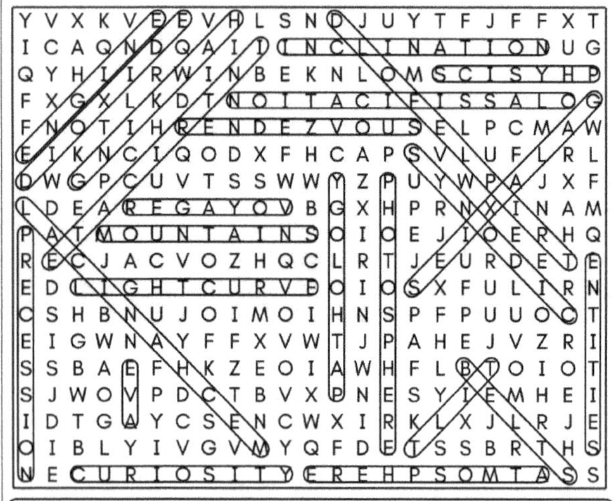

ATMOSPHERE	TILT	DIOXIDE
GALAXIES	LIGHTCURVE	EVA
PRECESSION	PATHOLOGY	BELTS
MOUNTAINS	VOYAGER	ENTITIES
RENDEZVOUS	PHYSICS	MECHANICAL
INCLINATION	PHOTOSPHERE	CURIOSITY
SYNODIC	CLASSIFICATION	ENGINE
TRIPLEFOLD	HAWKING	INTRICATE

Puzzle # 80

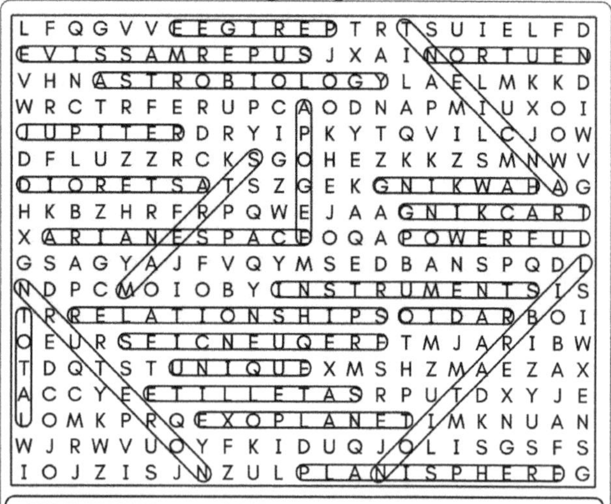

FREQUENCIES	JUPITER	POWERFUL
PERIGEE	UNIQUE	PLANISPHERE
ARIANESPACE	HAWKING	NEUTRON
INSTRUMENTS	EXOPLANET	RELATIONSHIPS
ASTEROID	SUPERMASSIVE	NORETURN
STREAM	RADIO	ANCIENT
APOGEE	ASTROBIOLOGY	TOTAL
TRACKING	SATELLITE	LIBRATION

9 798330 500017